La vraie Marlène

Enquête sur une ministre qui dérange

DU MÊME AUTEUR

La vie cachée des Champs-Élysées, Éditions du Moment, 2013
La téléréalité au confessionnal, Éditions du Moment, 2015

ET COMME AIDE-ÉCRIVAIN

Rêves d'enfants, Ingrid Chauvin, Éditions Michel Lafon, 2020
Sur un malendu, Jacques Vendroux, Éditions Michel Lafon, 2021

Florian Anselme

La vraie Marlène

Enquête sur une ministre qui dérange

Robert Laffont

ISBN : 978-2-221-25976-4
Dépôt légal : février 2022
Éditions Robert Laffont – 92, avenue de France 75013 Paris

À ma fille, Manon…

Avant-propos

« Clivante ». Voilà l'un des termes le plus souvent revenus à mes oreilles au fil de l'enquête que vous allez découvrir. Dès qu'il s'agit d'évoquer la personnalité de Marlène Schiappa, tous les individus interrogés s'accordent sur ce point. Sa famille, ses amis, ses collaborateurs en ont conscience. Les journalistes, ses opposants politiques et ses détracteurs les plus virulents également. Du côté de l'Élysée comme de Matignon, la donnée est connue, assumée même. La ministre chargée de la Citoyenneté est bel et bien « clivante ».

Elle déclenche des passions autant qu'elle dérange. Elle dérange les misogynes parce qu'elle exerce le pouvoir. Elle dérange le système parce qu'elle le bouscule. Et elle dérange les jaloux de son propre camp, parce qu'elle existe. Certains la détestent, d'autres l'encensent, parfois pour des raisons similaires, souvent irrationnelles. Un déplacement avec Marlène Schiappa suffit à s'en rendre compte. Les passants la reconnaissent, l'interpellent, l'encouragent, réclament des selfies et certains peuvent même fondre en larmes à l'idée de la voir « en vrai » ! D'autres, au contraire, la regardent de travers, murmurent sur son passage et l'invectivent parfois violemment. Comme cet inconnu qui, lors d'une promenade à vélo en famille, l'a bloquée sur le sentier en criant : «Je ne bougerai pas devant la bande à Macron!»

Elle est donc clivante, soit, mais, au moins, elle ne laisse, de fait, personne indifférent! Et là est le but recherché. Car un ministre décevant, c'est un ministre qui n'imprime pas. Schiappa imprime. On la voit. On la reconnaît. On l'écoute. On l'invite. Son nom est devenu une marque. Pour le président, la première dame, les deux Premiers ministres successifs, comme pour tout l'état-major de La République en marche, Marlène Schiappa fait office de surdouée. *La* trouvaille de ce quinquennat est perçue comme une pépite (qui n'est pourtant pas passée par l'ENA), une star qui crève l'écran et qu'il convient de faire grandir.

Alors, à force, elle agace, évidemment. Même certains ministres ou secrétaires d'État avec qui elle collabore ou a collaboré n'apprécient pas certaines de ses méthodes. L'omniprésence médiatique, le style très *girl next door* revendiqué, sa maternité en étendard, conjugués à une aisance oratoire évidente, sont loin de plaire à tout le monde. Au point que finalement, elle cristallise les critiques plus que n'importe quel autre membre du gouvernement. Comme lors du séisme Nicolas Hulot, en novembre 2021, quand l'ancien ministre de la Transition écologique et solidaire s'est vu accusé d'agressions sexuelles par plusieurs femmes dans un documentaire de l'émission *Envoyé spécial*, sur France 2. Juste après la diffusion, sur la toile et certains plateaux de télévision, il fut reproché à Marlène Schiappa d'avoir, en 2018, contribué à faire dégonfler les prémices de cette affaire, au moment de l'émergence des accusations. Mais force est de constater que, dans ce dossier comme dans beaucoup d'autres, les coups pleuvent prioritairement sur elle.

De son côté, cible mouvante, elle n'a peur de rien. Et ne reste jamais passive. Elle est, par exemple, le premier membre du gouvernement à avoir reçu les Gilets jaunes, la première à s'être rendue chez Cyril Hanouna, et la première à avoir osé débattre avec Éric Zemmour, sur CNews.

Macroniste pur jus, «elle incarne trop ces bébés Macron», nom de la nouvelle génération de jeunes pousses proches du président, disent les opposants. Trop à gauche, presque démago pour certains quand elle demande le rétablissement de l'ISF… Pour d'autres, l'ancienne socialiste fait figure d'opportuniste, coupable selon eux de s'être associée à Gérald Darmanin, pourtant marqué du sceau de la droite. Paye-t-elle sa jeunesse, sa spontanéité, une certaine candeur politique, son appétence pour les micros et les caméras, voire le simple fait d'être une femme ? Probablement un peu tout à la fois. Sauf que les attaques ne s'arrêtent pas aux portes de son ministère. Son physique, sa voix, ses tenues, et même ses coupes de cheveux font parfois l'objet de critiques et moqueries sur les réseaux sociaux, aussi violentes que vulgaires. Ses proches en souffrent, elle aussi, mais elle a appris à encaisser. Sa capacité à monter et à remonter sur le ring est bluffante.

Elle est, de fait, infatigable et omniprésente, un jour les pieds dans la boue dans un camp de migrants, à Calais, avec des réfugiés, l'autre sur France Culture pour débattre féminisme avec Alice Coffin. Pas de doute, Marlène Schiappa sait se démultiplier. Son parcours lui a d'ailleurs valu de nombreux prix, de la révélation politique au Grand Prix de l'humour politique récemment, pour sa sortie désormais culte sur les «plans à trois» (qu'il n'était pas question d'interdire) lors d'une interview où elle abordait la polygamie!

Encouragée par ses soutiens, portée par son combat pour les droits des femmes et bien sûr par le mouvement #MeToo dont elle est devenue l'une des figures en France, elle a vu son cuir s'épaissir au fil d'une vie aux antipodes de celles de ses pairs. Biberonnée au trotskisme par son paternel, Marlène Schiappa a grandi dans des cités HLM et n'a pas fait les hautes études censées conduire aux sommets de l'État. Elle n'est pas du sérail, prend plaisir à casser les codes, ceux établis par des générations d'énarques auxquels elle ne ressemble pas. Reste que, sur les 69 ministres et secrétaires d'État nommés par Emmanuel Macron depuis 2017, combien sont-ils sortis de l'anonymat, quels noms sommes-nous capables de citer spontanément? Bien peu. Le sien, si.

Et lorsqu'on songe que son parcours politique a commencé dans son salon, quand elle a créé en 2008 sur son ordinateur un blog baptisé Maman travaille, tout en pouponnant du matin au soir, au vu du chemin parcouru depuis, on ne peut s'empêcher de penser : respect.

Derrière l'ovni du gouvernement se cache en vérité une femme marquée par un chemin de vie sinueux, difficile, avec de l'audace et de la chance, opiniâtre et active, engagée. Chez elle, la liberté d'être soi et de bouger les choses prévaut.

De fait, cette liberté, elle me l'a accordée. Pour ce livre, j'ai pu multiplier les entretiens et les échanges (physiques comme téléphoniques) avec la ministre, rencontrer de nombreuses personnes, aborder des sujets personnels. Jamais elle ne s'est défilée, souvent elle m'a parlé avec beaucoup d'autodérision. Même si, parfois, lâcher le contrôle ne lui fut pas simple, mais face aux reproches entendus, aux défauts évoqués, aux dossiers jugés bâclés par ses adversaires, elle a répondu.

Alors, chacun est libre d'applaudir ou de contester ses actions, de soutenir, ou pas, sa famille politique. Mais chacun pourra – s'il est un peu objectif – reconnaître que la vie de cette femme de trente-neuf ans est aussi atypique que passionnante.

Voilà tout l'enjeu de ce livre : plus qu'un décryptage de son bilan, il vise à faire découvrir le personnage en profondeur, avec ses hauts, ses bas, ses contrastes, ses atouts, ses faiblesses, les pour, les contre, son enfance, son histoire, ses grands bonheurs et ses drames… Tout sera là. Afin que le lecteur puisse se faire un avis, non pas à l'aune de l'opinion et des réseaux sociaux, mais en connaissance approfondie des choses. Qu'il comprenne la ministre qui a représenté le gouvernement dans quarante lois présentées au Parlement en ce quinquennat… ainsi que la femme, plus intime, cachée derrière l'image et certaines étiquettes qui ont pu lui être collées.

« Toute biographie digne d'être écrite est le récit d'une ascension », soulignait un jour l'écrivain Henry Bordeaux. L'ascension de Marlène Schiappa dans le monde politique est, en ce sens, unique. Par sa fulgurance, comme par ses contours. Une histoire forte et singulière, qui méritait d'être racontée. À vous de juger.

Florian Anselme

1

Le musée de Marlène

La pièce mesure une cinquantaine de mètres carrés. Baignée de lumière grâce à ses immenses fenêtres, elle possède le charme de ces parquets qui craquent (malgré la moquette), de ces cheminées en marbre et de ces moulures typiques des bâtiments parisiens construits au XVIIIe siècle. Un coin bureau, avec des piles de dossiers entassés et un téléphone muni de trois fois plus de touches qu'un clavier d'ordinateur, ainsi qu'un coin salon, avec un canapé et des fauteuils bleu électrique aussi élégants que douillets. Nous sommes au ministère de l'Intérieur, à l'hôtel de Beauvau, sur la place éponyme.

C'est ici, à quelques mètres du palais de l'Élysée, que Marlène Schiappa a pris ses quartiers, en juillet 2020. Lorsqu'elle fut nommée ministre déléguée chargée de la Citoyenneté, sous la tutelle de Gérald Darmanin, devenu ministre de l'Intérieur. Une fois franchies les grilles de l'entrée, traversée la cour pavée, et après avoir pénétré dans l'une des ailes du bâtiment, il faut arpenter plusieurs longs couloirs, accompagné par de nombreux intermédiaires qui se passent le relais, avant d'accéder enfin à son bureau. Là, l'attente peut être longue, car elle n'est pas du genre à expédier ses rendez-vous. Si elle estime que l'un d'entre eux doit durer plus longtemps que prévu, le suivant attendra.

Quand elle ouvre la porte, son accueil dénote avec l'apparence solennelle des lieux. « Vous avez plus l'impression d'arriver à son domicile qu'à son travail… Un peu comme si elle allait vous servir le thé et commencer à papoter avec vous. Son sourire et sa décontraction sont bluffants », confie une source. Sauf que chaque visiteur comprend vite qu'il n'est pas en face de n'importe qui. Et que les sujets abordés ici sont sérieux. Graves parfois. De par son physique, sa présence, et la confiance qu'elle dégage, Marlène est de ces femmes qui ont de l'envergure. Qui en imposent, disons-le. Nullement impressionnée, quel que soit le pedigree de son interlocuteur du jour. Si bien que l'avoir en face de soi est totalement différent de la voir sur un écran. Ce qui n'est pas le cas avec tous les politiques mais s'avère presque déstabilisant au début.

Avant d'entamer la conversation, il convient de regarder autour de soi. De lever les yeux, de contempler, de prendre le temps d'analyser la décoration de la pièce où elle travaille. Un concentré de ses convictions, véritable photographie de ses rencontres et de son histoire personnelle à travers des objets qui la suivent de ministère en ministère, et qui permettent de mieux cerner le personnage. Suivez le guide…

Derrière son grand bureau, déjà, une cheminée en marbre qu'elle n'a pas manqué d'orner de multiples touches personnelles. Une pléiade d'objets, de photos, de documents et de souvenirs qui lui tiennent à cœur. À commencer par un olivier (miniature), conjointement offert par un rabbin, un imam, et un prêtre, devant le mémorial de la Shoah, en signe de paix et d'amitié entre les peuples. Juste à côté se trouvent la Déclaration des droits des femmes, joliment encadrée, offerte par l'ancien questeur de l'Assemblée nationale, ainsi qu'une petite carte postale «Je marche», issue de la dernière campagne présidentielle. «Celle-là, je l'ai gardée avec moi pour me souvenir comment je suis arrivée ici… On n'est pas venu me chercher par hasard. J'ai travaillé. J'ai milité», explique-t-elle, tout en montrant le prix de la révélation politique de l'année qui lui a été attribué en 2018. Car Marlène Schiappa ne boude pas ses succès. Avec elle, aucune fausse modestie. Ce dont elle est fière, elle le revendique. Sans arrogance, mais elle le revendique.

La visite continue avec la présentation d'une médaille de la BAC, la brigade anticriminalité de la police nationale, qui brille au milieu du reste, rappelant, au cas où on l'oublierait, dans quel ministère on se trouve : «Je l'ai mise en hommage à ces hommes qui font l'un des jobs les plus difficiles. Ces gens travaillent jour et nuit, risquent leur vie pour intervenir sur les affaires criminelles les plus dangereuses. J'aime regarder cette médaille pour me rappeler que mon travail n'est pas le plus compliqué. C'est parfois dur d'être ministre, certes… On dort trois heures par nuit, on est crevé, on peut s'en prendre plein la gueule, mais on ne risque pas notre vie à chaque instant ! Il faut sans cesse en avoir conscience, et penser à ceux pour qui c'est loin d'être le cas… » Le prix de la laïcité, remis par la Grande Loge de France, trône également sur la cheminée. Parmi d'autres objets, parfois de grande valeur, à l'instar d'un mini-King Kong offert par le sculpteur français Richard Orlinski, se trouvent quelques étrangetés : une petite statue d'Emmanuel Macron à cheval, représenté en Jules César, figurine fabriquée par Mathieu, l'un de ses anciens proches conseillers. Chez elle, la ministre possède plusieurs autres statuettes du même «artiste», toutes représentant le chef de l'État grimé en personnages historiques, dont Napoléon. « Le président n'est pas au courant, il va l'apprendre en lisant ce livre », s'amuse-t-elle. La représentation d'un clitoris en 3D d'une dizaine de centimètres (taille réelle), semblant sorti tout droit d'un cours de sciences naturelles, surprend tout autant. Et pas un simple clitoris… non, un clitoris « entier », précise la ministre ! C'est-à-dire que l'organe tel qu'on le connaît est représenté, mais aussi ce à quoi il est relié, à savoir deux petites cavités ressemblant à des testicules et qui sont cachées à l'intérieur du corps. « Voilà la force des femmes, s'amuse fièrement Marlène Schiappa, on a l'impression que l'on n'est pas très fortes alors qu'en fait, on a tout ça derrière ! »

Juste à côté se trouve la une de *Charlie hebdo*, qu'elle considère comme un « trophée », la représentant en train de donner un grand coup de pied dans les parties intimes d'un islamiste. Publiée le 21 avril 2021, au moment des états généraux de la laïcité, cette couverture n'avait à l'époque pas vraiment fait l'unanimité… certains reprochant à ce numéro anniversaire – le 1 500ᵉ – de s'écarter de son rôle de poil à gratter pour faire la com du gouvernement ; mais qu'importe, Marlène ne boude pas cette reconnaissance.

Entre les *Mémoires* de Simone de Beauvoir, un dessin dédicacé de Plantu (l'ancien célèbre dessinateur du journal *Le Monde*), une pieuvre LGBT (car de toutes les couleurs), et une plaque sur le harcèlement de rue (clin d'œil à sa loi sur les violences sexistes et sexuelles votée en 2018) se cache un gros bouton rouge pour donner l'alerte en cas d'intrusion. « Par exemple si vous sortez un couteau et que vous me menacez avec, je n'ai qu'à appuyer dessus », explique-t-elle.

Même si cet espace de travail semble particulièrement personnalisé, que la ministre se l'est clairement approprié, elle a choisi de ne pas y mettre de photos de famille. Ni ses parents, ni son mari Cédric, ni même leurs deux filles n'y figurent. « Parce que je suis superstitieuse, explique-t-elle. J'ai peur qu'on les vole ou que l'on en fasse mauvais usage. » Au passage, voilà une réflexion qui la caractérise. La plupart des hommes et des femmes politiques qui occuperaient des fonctions aussi importantes n'oseraient probablement pas confesser ce genre d'appréhensions, par crainte d'être moqués pour une telle superstition. « Alors qu'elle n'en a que faire ! Elle est toujours cash, souligne un membre de son entourage. Parfois trop, peut-être. Mais c'est justement ce qui fait son charme et, surtout, sa force ! »

La visite continue. Autour d'elle, rien n'est posé au hasard. Là, une affiche des *Monologues du vagin*, souvenir de mars 2018, lorsque celle qui était alors secrétaire d'État à l'Égalité femmes-hommes montait sur les planches du théâtre Bobino, à Paris, accompagnée par Roselyne Bachelot et Myriam El Khomri pour faire une lecture de la pièce d'Eve Ensler, représentation dont les bénéfices allaient être reversés au Collectif féministe contre le viol. Ici, un dessin la représentant en Marianne, offert par une classe à laquelle elle a fait visiter la mairie du Mans, ville dont elle fut conseillère municipale et adjointe au maire (Jean-Claude Boulard) de 2014 à 2017. Pour rappeler ses premières amours politiques. Ailleurs, le souvenir d'une visite – avec Brigitte Macron – auprès de la police qui protège les enfants des pédocriminels sur Internet, plusieurs mantras, ces formules sacrées notamment utilisées dans l'hindouisme. « Sur celle-ci est écrit : "Plus tard, c'est déjà trop tard", un adage que j'utilise souvent », commente-t-elle tout en brandissant un bout de corail corse censé chasser le mauvais œil : « Je vous l'ai dit, je suis superstitieuse… »

Sur l'un des murs est affichée une pancarte couverte de textes qui n'a l'air de rien et qui, après explications, vaut son pesant de cartes d'électeur. Pour ceux qui ont vu le film *Astérix, mission Cléopâtre* d'Alain Chabat, sorti en 2002 (et qui s'en souviennent), sachez qu'elle fait référence à la réplique d'Édouard Baer quand il se lance dans un monologue lunaire pour répondre à une question : « Vous savez, moi, je ne crois pas qu'il y ait de bonnes ou de mauvaises situations… » Une sentence dont la ministre explique, avec sincérité et humour, s'inspirer régulièrement ! « Souvent, dans une émission, si on me pose une question à laquelle je ne sais quoi répondre, je commence ma phrase de la même façon : "Vous savez, moi, je ne crois pas qu'il y ait de bonnes ou de mauvaises…" » Comprenne qui pourra !

Le bureau de Marlène Schiappa, véritable petit musée personnel, est donc à son image. Mais sans qu'aucune photo d'elle-même n'y figure… Ici, pas de culte de l'ego. En a-t-elle besoin ?

2

Aux origines du combat

Jusqu'à la séparation de ses parents, Marlène estime avoir eu une enfance heureuse. Avec toute l'insouciance qui doit accompagner les premières années d'une petite fille. Mais déjà, la future ministre casse les codes.

Nous sommes dans les années 1980, une époque où le genre est plus que jamais une identité que l'on colle à la peau comme une étiquette, dès la naissance. Par les couleurs, les jouets, la coiffure, tout ramène à votre sexe. Mais elle semble très loin de la fillette habillée en rose, occupée à brosser tendrement les cheveux de sa Barbie. « Je n'avais pas conscience d'être une fille, explique-t-elle, j'avais les cheveux courts et je jouais au foot. » Sauf qu'elle n'est pas un garçon manqué pour autant. Elle a plein de copines, aime jouer à la poupée, certes, mais elle a aussi beaucoup de copains et joue aux petites voitures avec autant d'entrain que de plaisir. Elle est une enfant avant d'être une petite fille, en somme. Ce que la vie va se charger de lui rappeler.

De temps à autre, des détails ou certaines situations lui font en effet prendre conscience de sa féminité naissante. Très furtivement. Ce sont des discussions avec sa famille, notamment sa grand-mère maternelle, qui feront office de déclic. Surtout quand celle-ci lui explique, à travers sa propre histoire, que le destin d'une femme est souvent plus dur, plus injuste et plus cruel que celui d'un homme : «Elle était mère au foyer et ne travaillait plus depuis longtemps. Un jour je lui ai demandé pourquoi. Elle m'a répondu qu'en étant mère de cinq enfants, ça aurait été trop pénible... mais aussi que lorsqu'un patron décide de mettre sa main sur notre cuisse, on est obligées de se laisser faire.» Le message est violent. Trop peut-être. Au point que le cerveau de Marlène «bugge», un peu comme après un traumatisme. Et ça ne s'arrange pas lorsque son autre grand-mère, la paternelle, y va de son propre récit. Qui lui apprend que son père, Jean-Marc, corse de naissance, futur historien brillant, s'est vu octroyer le droit de venir faire ses études sur le continent parce qu'il était un homme, tandis que sa sœur, elle, est restée bloquée sur place. Une fille, toute seule, loin des siens et de son Île de beauté ? Non, à l'époque, il en était hors de question.

C'est probablement grâce à (ou à cause de) ces premières révélations que le combat de Marlène prendra ensuite racine. Elle ne le sait pas encore, mais à mesure que sa candeur s'envole, sa révolte mûrit. Au regard de ce passé, sa nomination au poste de secrétaire d'État chargée de l'Égalité entre les femmes et les hommes prend aujourd'hui une autre résonance.

Madame la ministre ressemble à toutes les femmes. Elle aussi a pris les transports en commun. Elle aussi est, parfois, rentrée tard, et seule, empruntant des ruelles désertes dans lesquelles le bruit de ses talons venait troubler le silence de la nuit. Elle aussi s'est retrouvée dans des fêtes ou des discothèques à la promiscuité défavorable... Elle aussi a regretté de s'être habillée exactement comme elle en avait envie. Donc elle aussi a subi les remarques sexistes, les insultes, les regards lubriques, et même les agressions.

« Ça m'est arrivé à des centaines et des centaines de reprises. Je me souviens même très bien de la première fois où je peux dire avoir été victime de harcèlement de rue. J'aidais une amie de mon père sur un déménagement lorsqu'un type m'a interpellée avec une immense vulgarité pour me dire que j'aurais dû mettre un soutien-gorge. J'avais treize ans… » Sous le choc, elle le rapporte aussitôt aux adultes présents, en qui elle a alors toute confiance. Mais, contre toute attente, au lieu du soutien réconfortant et rassurant qu'elle espère, la jeune fille reçoit une leçon de morale. Des remontrances comme : « Tu devrais mettre une veste », ou : « C'est vrai que tu as beaucoup de poitrine pour ton âge » commencent à pleuvoir. S'ensuit un débat au cours duquel tout le monde commence à lui expliquer ce qu'il faut faire, et ne pas faire, pour qu'à l'avenir aucun homme ne s'autorise ce genre de réflexion. Voilà un enseignement que Marlène Schiappa n'oubliera jamais. Mais pas dans le sens attendu.

Quelques semaines, peut-être même quelques jours plus tard, sa sœur Carla et elle sont victimes d'une scène semblant sortie d'un film. Alors qu'elles montent l'escalier du métro, un homme surgit et ouvre son manteau pour leur dévoiler ses parties intimes. Les deux adolescentes explosent de rire, ce qui fait fuir l'exhibitionniste, certainement vexé. Inconscience ? Non, mécanisme de défense. Car, en elle-même, Marlène est sidérée. Et l'image n'a pas fini de la hanter.

Elle prend alors conscience que son anatomie, ses cheveux, son maquillage, et même ses vêtements, constituent autant de facteurs susceptibles de l'amener à revivre ce genre de mésaventures. Mais ainsi que la plupart des femmes, elle prend le pli, s'adapte. À l'époque, Marlène Schiappa s'habille comme toutes les jeunes femmes de son âge. La mode est aux jeans moulants, aux brassières et aux chaussures compensées, aussi ne s'en prive-t-elle pas. Sauf qu'elle y recourt pour ressembler à toutes celles qu'elle admire dans les clips, comme Jennifer Lopez, non pour être sexy et exciter les hommes. Mais dès qu'elle quitte la cité HLM où elle vit, derrière la porte de Vanves, à Paris, elle entre en terrain potentiellement hostile. Un trajet en particulier, et qu'elle fait régulièrement, la marquera : lorsque, avec sa sœur, elle se rend, à pied, au jardin Atlantique, près de Montparnasse, dans le 14e arrondissement. Un parcours d'une quinzaine de minutes, qui semblait certains jours durer une éternité... Et pour cause, elles étaient systématiquement suivies et accostées par des bandes de types pas forcément civilisés. Les deux jeunes filles devaient donc ruser. « On élaborait des stratégies pour les éviter ou les faire fuir. Dès qu'on les apercevait l'une d'entre nous disait à l'autre : "Prépare-toi à faire ta moche." Alors on reniflait, on marchait de travers, on crachait même par terre pour les écœurer... »

Malheureusement, elle s'aperçoit vite que cette drague malveillante n'est que l'antichambre du véritable harcèlement de rue. Celui qui peut frapper n'importe où et n'importe quand, et qui peut abîmer, voire gâcher une vie en quelques secondes. Un jour, alors qu'elle est dans le métro et se dirige vers le quai de la ligne 3 tout en lisant, un type la saisit violemment, l'amène dans un coin, puis la bloque contre un mur, à l'abri des regards. Un peu à l'écart, un complice guette, veillant à ce que l'agresseur ne soit pas dérangé. Terrifiée, Marlène semble d'abord résignée : « Sur le moment je me suis dit : "Ça y est, je vais y passer. Il va me violer..." » Mais à l'instant où l'autre commence à défaire sa ceinture, elle pense au précieux conseil si souvent prodigué par son paternel. En cas d'agression, ne jamais oublier le fameux coup de pied dans les c… Dans un instinct de survie, alors que son destin est sur le point de basculer, elle s'élance et en balance un immense dans l'entrejambe du type. La cible est atteinte. L'homme est à terre. Elle peut enfin s'enfuir.

Hélas, cette agression sexuelle caractérisée n'est, malheureusement, pas la dernière qu'elle doit affronter. À dix-neuf ans, alors qu'elle se rend chez un ami à qui elle doit apporter un document, un homme la suit jusque dans le hall de l'immeuble. « Mon père m'avait toujours dit de ne jamais laisser rentrer personne derrière moi. Dès que la porte s'est refermée, j'ai su que j'avais fait une connerie… » Mutique, nerveux, l'inconnu la suit jusque dans l'ascenseur et, lorsqu'elle lui demande à quel étage il souhaite se rendre, ne donne aucune réponse. Elle découvre alors son regard, inquiétant, qui la fixe en continu. Dès que les portes se referment, d'une main, l'intrus sort son sexe et commence à se masturber. De l'autre main, il plaque sa victime avec une grande violence, semblant ne pas vouloir en rester là… Mais la bonne étoile de Marlène Schiappa intervient. L'ascenseur arrive sur le palier de son étage, où son ami (accessoirement champion de karaté) l'attend et, découvrant la scène, fait fuir son assaillant. Une fois de plus, la jeune femme a été victime d'une agression sexuelle, et une fois de plus, elle a échappé au pire.

Au-delà de ces expériences traumatisantes, c'est le discours de culpabilisation générale qu'elle entend après chaque épisode qui l'alerte. Les deux hommes dans le métro ? Elle n'avait qu'à être plus vigilante. Le cinglé dans l'ascenseur ? Elle n'avait qu'à ne pas porter une minijupe et des bottes. Autant de remarques insupportables qui la révoltent déjà au plus haut point. Pourquoi une femme, sous prétexte qu'elle en est une, devrait-elle accepter l'inacceptable ? Pourquoi serait-elle contrainte de se soumettre aux *diktats* d'une société façonnée par des hommes et pour des hommes ? Autant de questions qui la taraudent.

Un nouveau déclic se produit au cours d'un dîner qu'elle raconte dans l'un de ses livres, *Où sont les violeurs ?*, publié en 2017[1]. Attablée avec dix copines, Marlène ressent le besoin de raconter les agressions qu'elle a subies. Et voit, à sa grande surprise, les langues se délier aussitôt. Toutes les filles présentes ont des histoires similaires à raconter ! Parfois plus soft, parfois plus hard, toujours de même nature. Un sentiment de solidarité se mêle alors à une profonde colère chez elle. Puisque dix femmes réunies autour d'une table ont été agressées sexuellement à un moment donné, les statistiques à grande échelle, si elles existaient, seraient probablement délirantes.

Au vu de ces données et expériences, on comprend mieux pourquoi, une fois ministre, Marlène Schiappa a (notamment) annoncé le lancement d'un baromètre destiné à mesurer le harcèlement de rue et l'élaboration d'une cartographie des « zones rouges ». En août 2018, le Parlement a même approuvé la loi dite Schiappa (par 81 voix contre 68), renforçant la lutte contre les violences sexistes et sexuelles. Parmi de nombreuses mesures, le texte a permis d'introduire dans le Code pénal la notion d'outrage sexiste, définie ainsi : « Le fait d'imposer à une personne tout propos ou comportement à connotation sexuelle ou sexiste qui soit porte atteinte à sa dignité en raison de son caractère dégradant ou humiliant, soit crée à son encontre une situation intimidante, hostile ou

1. La Tour-d'Aigues, L'Aube.

offensante. » Infraction qui peut valoir une amende de 90 euros à son auteur, s'élevant jusqu'à 3 000 euros en cas de récidive.

L'agresseur devant être pris en flagrant délit, des doutes ont subsisté chez certains, soupçonnant un coup de com', quant à sa mise en application. Ce à quoi Marlène Schiappa répond que, à partir des chiffres officiels (10 % de plaintes, 10 % de condamnations), on peut déduire que seulement 1 % des violeurs dorment en prison. Et de s'interroger : « Où sont donc les 99 % restants ? »

Comme il y a un début à tout, cette loi est peut-être la première pierre d'un édifice qu'elle est loin d'avoir terminé... La première lecture du projet à l'Assemblée nationale a marqué les esprits. Alors secrétaire d'État chargée de l'Égalité entre les femmes et les hommes, elle a notamment rappelé que la question du harcèlement de rue était jusqu'à maintenant passée totalement « en dessous des radars des politiques publiques ». Une problématique qui, comme elle le soulignait, fait pourtant « partie du quotidien de nombreuses femmes et jeunes filles ». Devant l'Assemblée, elle a osé, par des mots simples, affirmer ces souffrances tristement banalisées : « Il n'y a pas de petite agression, pas d'injure sans conséquence, pas d'oubli définitif, pas d'intimidation dont on se remette vraiment, pas de tweet menaçant de viol noyé dans la masse des centaines d'autres menaçant de viol. »

L'avenir dira si les mesures qui portent son nom sont efficaces mais force est de constater qu'elles constituent l'une des bases essentielles de son combat. Et que leur auteur, grâce à elles, a obtenu ce que le gouvernement, et Emmanuel Macron lui-même, considère comme l'une des grandes victoires du quinquennat.

3

Une famille avant tout

Vingt-quatre ans. Voilà un âge où l'on a la vie devant soi… Le lycée est déjà loin, on gagne parfois un peu sa vie, généralement, on n'habite plus chez ses parents. C'est le temps des sorties, des amis, des amours… Des premières responsabilités aussi, mais qu'importe. La trentaine est loin, la quarantaine paraît abstraite, et une vie de famille, rarement la priorité. En moyenne, de nos jours, les Françaises deviennent mamans pour la première fois autour de vingt-neuf ans. Le temps de passer des diplômes, d'étayer ses ambitions, d'approcher un équilibre financier, de trouver *la* bonne personne, et, disons-le, de profiter un peu de la vie.

Mais voilà un schéma que Marlène Schiappa n'a pas souhaité envisager une seconde. À vingt-quatre ans, elle a décidé de devenir maman. «J'étais la première de tous mes copains et de toutes mes copines à avoir un enfant. Je n'avais aucun autre exemple autour de moi», raconte-t-elle. Pourtant avant-gardiste et progressiste en matière de condition féminine, elle a fait un choix qui peut paraître paradoxal, tant cet âge est plutôt celui auquel les Françaises devenaient mères… en 1974 ! Soit huit ans avant sa naissance et un an avant la dépénalisation de l'avortement et l'encadrement légal de l'interruption volontaire de grossesse (IVG), conduit par Simone Veil. Alors pourquoi la future ministre a-t-elle choisi d'assumer de telles responsabilités aussi tôt ? La réponse ne doit rien au hasard et se trouve, une fois de plus, dans son histoire personnelle.

Son père, Jean-Marc, et sa mère, Catherine, se séparent en 1989, juste avant son septième anniversaire. Dans un premier temps, les choses se déroulent plutôt correctement, le bon sens l'emporte. Elle passe les semaines chez sa mère, qui habite à Belleville, dans le 19e arrondissement de Paris, et les week-ends chez son père, dans une cité proche de la porte de Vanves.

Et puis tout bascule lorsque sa maman décide de quitter la capitale pour s'installer à Dijon avec un autre homme, emmenant ses deux filles. Loin de sa ville, de ses amis, et surtout de son père, dont elle est proche, Marlène est vite malheureuse. « Déjà parce que je voyais très peu mon père », confie-t-elle. Mais aussi et surtout parce que ce nouveau beau-père, au début sympathique, se révèle peu à peu une caricature de l'homme agressif, désagréable avec les enfants et de plus en plus violent. Sa sœur, de deux ans sa cadette, se souvient qu'avec le nouveau compagnon de leur mère, le monde des Bisounours apparaissait soudain bien lointain… Une tension et un climat presque militaires qu'elle n'aime pas se remémorer. Car le modèle familial imposé était compliqué. D'autant plus en étant loin de leur père. Le manque était réel. À une époque où les familles recomposées ne sont pas encore légion, les deux petites filles souffrent aussi de cette image auprès de leurs camarades et notamment à l'école.

À treize ans, après avoir entrepris plusieurs fugues vers la capitale avec sa sœur, Marlène n'en peut plus. Ce cadre de vie trop lourd, son père qui lui manque trop la décident à retourner vivre chez lui, à Paris, pour ne plus revenir à Dijon. Sa relation avec sa mère ne se remettra jamais vraiment de cet épisode. Car même s'il n'y a pas rupture entre elles deux, ce choix crée un précédent trop important pour que les stigmates disparaissent. « Soyons clairs, tempère la ministre, je ne suis pas fâchée avec ma mère. On se parle régulièrement, on s'écrit, elle vient à Paris, elle veut toujours m'aider. Mais on n'est pas aussi proches qu'on pourrait l'être. Et pour cause : ce n'est pas ma mère qui m'a élevée durant mon adolescence et j'ai appris seule les choses qu'une mère enseigne normalement, par exemple comment prendre la pilule, se maquiller ou choisir des protections périodiques pour les règles. Moi, je l'ai fait en écoutant la radio ou en parlant avec des copines. »

Cela étant, Marlène Schiappa n'oublie pas que sa mère s'est toujours démenée pour qu'elle soit une bonne élève, lui faisant prendre des options de langues comme l'allemand ou le latin, et surtout, suivre les meilleurs cours de piano, de solfège, de chant et de danse. « Elle pouvait passer les mercredis après-midi entiers à nous amener d'un conservatoire de musique à une audition de danse », sourit-elle. Elle-même amatrice de musique, cette maman éloignée a poussé ses propres enfants à devenir artistes… tout en les prévenant qu'il n'y avait guère d'avenir dans cette voie ! « En gros, c'était : “Fais de la musique, mais tu seras prof, car la musique n'est pas un métier stable” », raconte Marlène. Sa sœur Carla, tout comme Marlène, souligne que leur mère a toujours fait de son mieux… et qu'elle est désormais une excellente grand-mère, proche de ses petits-enfants qu'elle vient voir régulièrement.

Avec le temps, Marlène et sa mère se sont rapprochées. Au moment de la fausse couche de la ministre, en septembre 2021, les deux femmes ont même énormément échangé. «J'ai passé des heures au téléphone avec ma mère qui me réconfortait», raconte Marlène Schiappa. Mais traumatisée par ces années de tensions et cette séparation, la future femme politique n'a, rapidement, qu'une idée en tête : fonder sa propre famille. Bâtir le modèle familial qu'elle a fantasmé et qui lui a manqué. Comme pour réparer quelque chose de brisé en elle ? Sa sœur, aujourd'hui maman de trois enfants – cinq si l'on compte ceux de son mari –, est elle aussi devenue mère à vingt-quatre ans.

«Mon ambition n'a jamais été de devenir ministre, mais de devenir mère. C'était ça mon rêve», admet d'ailleurs Marlène Schiappa. Un rêve qu'elle n'a pas tardé à réaliser et qu'elle n'a jamais regretté. Bien au contraire. D'autant que ce rêve va la conduire vers d'autres contrées. Celles d'un engagement qui la mènera très haut.

4

Fille de cité

Son destin ressemble beaucoup à celui d'une petite fille partie de rien et finalement parvenue, grâce à son intelligence et à sa force mentale, jusqu'au sommet de l'État. Certains y verront un cliché, mais c'est un fait. L'environnement et les conditions dans lesquels Marlène Schiappa a grandi sont aux antipodes de ceux auxquels ont été habitués la majorité des hommes et des femmes politiques de notre pays. Elle n'est pas issue d'une campagne tranquille, encore moins d'un quartier cossu de grande ville. Qu'on en juge.

Jusqu'à la séparation des parents, la famille vit d'abord dans le 11ᵉ arrondissement de Paris. Puis elle déménage dans le 19ᵉ. Ensuite, chacun vit sa vie, mais dans deux cités HLM. Son père emménage au 10, boulevard Brune, près de la porte de Vanves, et sa mère à Belleville, dans la Cité rouge (19ᵉ arrondissement). Le logement de son paternel, près des Maréchaux, dégage une atmosphère particulière, avec les immeubles en brique rouge caractéristiques des portes parisiennes, et le périphérique, bruyant, qui sépare la cité de la banlieue située à quelques centaines de mètres. Dans ce quartier, comme dans celui de sa mère, la mixité est reine. Aucun d'eux ne roule sur l'or, certes, mais Marlène est heureuse. Les couleurs, les religions, et les langues se conjuguent au pluriel, peu importe l'environnement, qu'elle soit porte de Vanves ou à Belleville, sa pléiade de copains et de copines lui suffit. «Je pense que, dans les années 1980, pour un enfant, c'était plutôt une chance de grandir dans une cité, endroit où la vie s'organise autour de la cour principale, ce qui est super convivial. Quand arrivait le week-end, on allait tous sonner les uns chez les autres et on se retrouvait en bas pour jouer pendant des heures… Je ne pouvais pas rêver mieux!»

En revanche, à l'adolescence, les choses se corsent. Marlène Schiappa vit exclusivement chez son père, avec qui elle emménagera bientôt rue de l'Eure, dans le 14e arrondissement, autre cité. L'insouciance de l'enfance s'est évanouie, les premières tensions sociales apparaissent. Notamment parce que les garçons et les filles se séparent, avec tout ce que cela implique. Et être une adolescente de cité n'est pas ce qu'il y a de plus facile… «Je n'en ai pas vraiment souffert, précise-t-elle. Déjà parce que les gens connaissaient mon père et savaient qu'il valait mieux ne pas m'emmerder. Ensuite parce que mon petit copain de l'époque vivait dans la cité et me protégeait.»

Quant au collège classé ZEP (zone d'éducation prioritaire), elle s'y ennuie. Si sa vie en province, pour toutes les raisons déjà évoquées, ne lui plaisait guère, au moins étudiait-elle dans un établissement de qualité. Or, ici, le niveau est plus bas. Diagnostiquée hypermnésique (nous reviendrons sur ce point), donc dotée d'une mémoire exceptionnelle, en classe, elle est montrée en exemple et ses rédactions, lues à haute voix en cours de français, mais cela ne plaît pas toujours. Ses facilités lui permettent de parler l'anglais et l'allemand quasi couramment, cependant elle n'apprend pas grand-chose de plus… si ce n'est le dessin, qu'elle découvre grâce à un prof brillant.

Alors, estimant que l'enseignement reçu au collège n'est pas au niveau, l'adolescente commence à sécher les cours. Et, pour éviter de se faire pincer par son père, elle élabore des stratégies dignes des *Pieds nickelés* ! Comme débrancher le téléphone du domicile lorsque la CPE (conseillère principale d'éducation) risque d'appeler, mais oublier de déconnecter le répondeur ; pot aux roses découvert lorsqu'à table, alors qu'elle raconte sa journée de cours, le répondeur se déclenche et laisse entendre : « Bonjour, ici la CPE de Marlène. Juste pour vous informer qu'elle était absente du collège aujourd'hui… » Comme intercepter des courriers d'absence et les jeter dans la poubelle du hall de l'immeuble, mots sur lesquels son père, loin d'être né de la dernière pluie, met généralement la main… Sans sévir vu ses résultats scolaires plutôt probants. Seule exception à cette absence de punitions, les soirées, sorties, à propos desquelles il se montre intraitable… Interdiction. Jusqu'à ses dix-huit ans.

À l'époque, dans le quartier, les affrontements entre bandes rivales sont légion. Entre la cité dite du 15-6 (situé au 156, rue Raymond-Losserand), où vivent beaucoup de gens du voyage, et celle du boulevard Brune – la sienne –, où logent plutôt les immigrés, c'est souvent la guerre. Marlène assiste même à des scènes d'une violence inouïe. Au départ plutôt sage, préférant rester loin des embrouilles, elle se met peu à peu au diapason. Au fil des amitiés qui se font et se défont, elle n'a pas que des bonnes fréquentations. Elle traîne dans des squats, participe à des bagarres, et, rapidement, ne s'en laisse pas conter : « Je n'aimais pas qu'on me parle mal… J'étais la nana en jogging et en sweat à capuche, avec des chaussures compensées. » Le look kaïra des jeunes femmes de l'époque, en somme. Dans ces années-là, au sein de sa cité, pour traverser tel ou tel coin, « soit tu tapes, soit tu te fais taper », racontent les anciens. « J'ai vite choisi… » confie aujourd'hui la ministre. Un jour, seule face à une bande de filles décidées à en découdre, la future secrétaire d'État n'a d'autre choix que de se défendre et ne se défile pas. Un courage qui a contribué à asseoir sa réputation dans le quartier.

À l'époque, Marlène et sa sœur vivent avec leur père dans ce qu'on appelle un F1 bis. Soit un logement un peu plus grand qu'un studio, un peu plus petit qu'un deux-pièces. Bref, pas vraiment la vie de château ! Le patriarche gagne 8 000 francs, soit à peine plus de 1 200 euros par mois, et la porte de l'appartement n'est jamais fermée à clef, tant il n'y a rien à y voler… La débrouille, l'entraide et la solidarité sont donc indispensables à la famille Schiappa pour s'en sortir. « Quand on faisait les courses avec ma sœur, on payait au centime près… on s'échangeait des trucs avec les voisins, on récupérait des meubles anciens dont les gens s'étaient débarrassés… et on allait laver notre linge à la laverie du coin car on ne possédait pas de machine à laver », se souvient Marlène.

Même si elle admet avoir, à l'époque, fait quelques petites « bêtises », comme beaucoup de jeunes de son âge, elle revendique le fait d'avoir toujours eu une hygiène de vie irréprochable. Elle n'a en ce sens jamais bu, jamais fumé, ne s'est jamais droguée, ce qui n'était pas forcément évident lorsqu'on évoluait dans des quartiers aussi sensibles. Là encore, son père y est pour quelque chose. Sa sévérité et le fait que les sorties nocturnes aient été proscrites ont éloigné sa fille de multiples tentations et mauvaises fréquentations, donc des problèmes qui vont généralement avec. Aller en discothèque ou dormir chez un garçon ? Il en était purement et simplement hors de question. « Quand j'y repense aujourd'hui, je me dis que le fait que mon père ait été aussi protecteur m'a probablement sauvée de pas mal de choses. Je n'allais jamais à aucune soirée ni à aucun rendez-vous après la tombée du jour, donc il y avait forcément moins de risque. »

Après quelques flirts sans importance, Marlène Schiappa rencontre un garçon qui lui plaît enfin. Vraiment. Un beau mec, très grand, un peu plus âgé, à la réputation guère enviable toutefois : celle de caïd du quartier. Le *bad boy* qui fait chavirer son cœur… a été séduit (notamment) par la réputation de bagarreuse de la jeune femme. Elle tombe amoureuse, lui aussi, mais le côté obscur du personnage va avoir raison de leur relation.

Au début, il fume quelques joints, deale un peu pour payer sa consommation personnelle… mais finit par lâcher sa formation afin de s'adonner au trafic à plein temps. « Plus tard, tu n'auras pas besoin de travailler, je m'occuperai de toi grâce à mon business », promet-il quand il ne téléphone pas pour lui narrer ses courses-poursuites avec la police. Il croit lui plaire avec ce registre voyou et a tout faux. « Pour moi, c'était insupportable car je n'étais pas du tout dans cet état d'esprit. Je voulais avoir mon bac et travailler. Me mettre en couple avec un dealer et avoir une vie tournant autour du trafic de drogue, je le rejetais de toutes mes forces. » Elle lui demande d'arrêter, en vain. Pire, il se met à boire et à consommer d'autres produits, plus dangereux, qu'il vend également. Alors, bien qu'éperdument éprise, Marlène préfère dire stop. Une séparation difficile mais salutaire puisqu'elle s'apprête à intégrer un excellent lycée, dans le chic 16e arrondissement de Paris, et a en tête de préparer une école de journalisme : n'apprend-elle pas la Constitution de 1958 par cœur, parce qu'elle a lu que c'était le thème du concours d'entrée ? Motivée, déterminée à s'en sortir, elle préfère dire adieu à ce premier amour.

L'été qui précède sa rentrée, la jeune femme le passe à Paris, où elle aime marcher, seule, walkman sur les oreilles, pendant des heures. Avec un carnet à dessins et son cahier pour écrire (déjà...) sous le bras, presque chaque jour, elle s'installe dans les jardins du Luxembourg et crayonne, note. Dans sa tête et son cœur, celui dont elle s'est séparée est encore présent. Il a été forcé par sa mère à passer quelques semaines au Maroc, son pays d'origine. Ils sont loin mais elle rêve. De le ramener dans le droit chemin, de le faire décrocher, de le détacher d'un milieu dans lequel il a pris une envergure inquiétante. Et puis, quelques semaines après la rentrée, jusqu'alors sans nouvelles, elle apprendra que le jeune homme est décédé. Emporté par une overdose.

5

Carla

« Une sœur, c'est une amie que la nature vous a offerte », rabâche leur père depuis qu'elles sont enfants. Toutes jeunes, Catherine, leur maman, se plaît à les habiller à l'identique, comme des jumelles. La même robe, le même T-shirt, les mêmes souliers, les mêmes couettes… De fait, bien qu'elles aient deux ans d'écart, elles se ressemblent beaucoup. Surtout quand elles atteignent les âges de quatre et six ans. « Peut-être notre mère nous habillait-elle ainsi pour des raisons pratiques. Il était sans doute plus simple, en faisant les courses, d'acheter les mêmes tenues dans des tailles différentes. Nous, en tous les cas, ça nous plaisait bien », confie Carla, la cadette. Sauf que la ressemblance ne s'arrête pas là, les deux gamines se comportant (encore aujourd'hui) comme si n'existait aucune différence d'âge.

Leurs cheveux, leur gestuelle, leurs goûts, mais aussi leurs rires et leurs expressions en font deux sœurs très proches l'une de l'autre. À tous points de vue. « Même si on a très vite eu chacune notre étiquette, tempère Carla. Moi j'étais la jolie, la poupée, et Marlène la tête pensante, l'intelligente. » Aujourd'hui encore, on pourrait croire qu'existe entre elles une sorte de mimétisme proche de la télépathie. C'est déjà le cas ce jour, il y a quelques années, où elles se retrouvent sur un quai de gare et s'aperçoivent qu'elles se ressemblent comme deux gouttes d'eau ! « On avait le même manteau, les mêmes chaussures, le même pantalon… On était même coiffées à l'identique ! C'était incroyable. Nous-mêmes n'en revenions pas… On avait l'impression d'être ces jumelles de soixante ans qui ricanent seules dans les reportages télés. On en a, d'ailleurs, beaucoup ri. »

Quand vient le sujet de l'enfance avec sa sœur, Carla se souvient d'une forme d'empathie développée très tôt par son aînée : « J'ai souvent entendu Marlène, petite, dire que, lorsqu'elle serait plus grande, elle achèterait un immeuble pour que tous les gens sans maison puissent s'y réfugier. »

C'est avec sa sœur que la future ministre fait ses premières « expériences » médiatiques. Parfois, durant les étés passés en Corse dans le petit village de leur père, même si elles aiment profondément retrouver leur terre d'origine et se rapprocher de leur famille, les deux frangines s'ennuient ferme ! À une époque où les tablettes et les smartphones relèvent de la science-fiction, où les plages de sieste, sacrées sur l'Île de beauté, durent trois heures chaque après-midi, il faut se distraire. Les fillettes toniques et pétillantes ne manquent pas d'idées. « On a commencé à découper des tas de trucs et à les coller pour fabriquer nos propres magazines féminins, rembobine Marlène. Je me souviens même que l'on s'interviewait l'une et l'autre ! J'ai d'ailleurs grandi avec le rêve de devenir journaliste, pas du tout ministre. J'en avais vraiment envie. » Des prédispositions confirmées par Clara : « J'espère qu'elle ne m'en voudra pas de dire ça, mais Marlène n'a jamais été très scolaire. Si elle avait de bonnes notes, cela ne l'intéressait pas de cocher des cases.

En revanche, elle a toujours écrit énormément. Même petite, elle découpait des feuilles A4, les agrafait, puis arrivait en disant : "Regardez j'ai fait un livre !" Cet univers l'a toujours passionnée. Elle avait la fibre. Au collège, elle a même créé un journal baptisé *La Gazette* qu'elle distribuait autour d'elle… »

Le père leur fabrique aussi des petites maisons en carton pour y ranger leurs poupées Barbie, leur transmet sa passion du foot et les transforme en supportrices inconditionnelles de l'Olympique de Marseille et, surtout… leur inculque des valeurs et idéaux qu'elles partagent toujours.

Des souvenirs en commun, les sœurs en ont pléthore. Des bons, des merveilleux même, mais aussi de plus difficiles. Notamment la séparation vécue au début de leur adolescence. Lorsque Marlène décide de quitter la maison maternelle pour rejoindre son père à Paris ; au départ, Carla est du voyage. La première année, elles continuent donc de vivre sous le même toit. Mais ensuite, Carla s'est sentie obligée de retourner chez leur mère, un peu comme s'il était de son devoir de ne pas l'abandonner. Un choix difficile à expliquer… Sauf que ce qui pourrait n'être qu'un interlude dure. Pendant près de trois ans, les sœurs, pourtant inséparables, doivent se résoudre à vivre à des centaines de kilomètres l'une de l'autre. Tant de moments essentiels, décisifs, propres à l'adolescence, qu'elles ne peuvent partager au jour le jour… « Et en même temps, les choses difficiles, liées à la séparation de leurs parents, ont créé des liens indéfectibles entre elles », assure une de leurs cousines. De fait, l'éloignement n'entame pas leur bonne entente, et ne les empêche en rien de se rapprocher plus tardivement. Plus que jamais, même !

Aujourd'hui encore très fusionnelles, Marlène et Carla se connaissent en effet par cœur. Elles sont mutuellement marraines des enfants de l'autre. Et les gardent régulièrement. Elles se parlent aussi en langage codé, le « ithig », appris dans un livre consacré à Helen Keller, petite fille sourde, aveugle et muette. Dans l'angoisse qu'un tel destin leur arrive, elles ont appris le braille et la langue des signes qu'elles utilisent encore, en public, si elles veulent communiquer sans être comprises. Mais l'une et l'autre disent qu'elles n'ont pas besoin de parler pour savoir ce qu'elles pensent. D'un regard, elles se comprennent. Un peu comme des jumelles… « Ce qui m'amuse le plus, quand je regarde Marlène à la télé, c'est de savoir que je suis probablement la seule à m'apercevoir lorsqu'elle est à cran ! Je décrypte si elle est énervée au masque particulier qui s'affiche sur son visage. Souvent, je ne peux m'empêcher de lui écrire juste après l'émission pour lui dire qu'elle a encore fait sa tête de : "Vas-y, vas-y, continue de parler", tête qui me fait beaucoup rire ! Je décrypte aussi quand elle tient des propos pour être solidaire du gouvernement ou quand elle s'exprime par conviction. La voix, la mimique sont différentes », s'amuse Carla.

Mais ce que la cadette supporte le moins, c'est lorsqu'une personne de son entourage se permet de tenir des propos désagréables sur sa sœur. « Je trouve ça inadmissible. Est-ce que je leur dis que leur cousin assistant dentaire a mal soigné les molaires d'untel ? » Quant à ceux qui dénigrent la politique d'Emmanuel Macron, à ses yeux, cela relève de la même bêtise. D'autant que Carla est particulièrement fière du parcours de sa sœur. À sa façon, elle est très politisée aussi. Biberonnée comme Marlène au trotskisme, aux manifs et au militantisme, cette ancienne directrice de maternelle se sent aujourd'hui proche du mouvement En marche, et pas juste parce que son aînée en est l'une des figures. « Elle habite à la campagne et elle a beaucoup d'enfants… donc, forcément, elle ne peut pas s'investir énormément, analyse la ministre. Mais, pour les régionales, elle a travaillé sur le projet de certains candidats. Et je suis sûre que si elle avait d'autres conditions de vie, elle s'engagerait. Sûrement, plus tard, elle sera une très bonne maire ou élue locale. Voire plus ! »

Chez les Schiappa, les réunions familiales tournent parfois au vinaigre. Sans dégénérer, il arrive que ça chauffe. « À chaque repas de famille, ma sœur commence en disant : "On ne parle pas politique", s'amuse la ministre. Mon père acquiesce, moi aussi. Et on finit toujours par en parler. Normalement, au moment du fromage, on commence à s'engueuler sur tel ou tel fait d'actualité. »

Bien que Carla ait accepté de participer à ce livre, elle souhaite rester le plus discrète possible. Depuis la nomination de sa sœur au gouvernement, les sollicitations médiatiques ont été nombreuses, et pas toujours bienveillantes. Elle a accepté d'évoquer leurs liens dans le Huffington Post en 2017, d'intervenir dans l'émission *Thé ou Café*, en 2018, mais garde un tel mauvais souvenir d'une interview accordée à un journal régional qui l'a mise en rage qu'on ne l'y reprendra plus. « Ça devait juste être un petit entretien, s'agace-t-elle, et je me suis retrouvée en une avec comme gros titre : "Ça fait quoi d'avoir une sœur au gouvernement ?" J'ai trouvé ça *too much*. Et ce n'est pas le genre de choses que j'aime. À force, j'avoue qu'il devient aussi lassant de devoir dire : "Non, ce n'était pas prémédité qu'elle fasse de la politique. Oui, elle est vraiment féministe. Oui, elle aime réellement les enfants… et elle boit en effet du jus de pamplemousse !" »

Marlène Schiappa a également une demi-sœur, Angela, et un demi-frère, Adrien. Respectivement nés en 1990 et 1995, tous deux sont les enfants que sa mère a eus après avoir refait sa vie. Marlène les apprécie, bien sûr, mais n'ayant pas grandi ensemble, ils ont forcément des liens un peu moins forts. Quoique…

« Je suis partie en vacances avec Angela et, avec Carla, il peut arriver que l'on se fasse aussi des week-ends toutes les trois, confie Marlène Schiappa. L'année où je venais d'être nommée ministre, je devais me rendre en Corse avec mon mari et les enfants et, finalement, il a dû rester travailler. J'ai invité Angela et on a ri du début à la fin du séjour ! Ma demi-sœur est une personne généreuse, très sensible, intelligente. Je l'aime beaucoup. Carla et elle sont aussi très proches. Nous avons chacune une relation différente et particulière avec les autres. Avec Adrien, on s'entend bien, on se souhaite nos anniversaires, je suis fière qu'il soit un type bien et, désormais, un enseignant. Mais il est vrai qu'on se connaît moins bien. » Et d'ajouter : « Quand, dans les portraits, la presse oublie Angela et Adrien, qui sont tous les deux adorables, parmi mes frères et sœurs, cela m'énerve. Une fois, une journaliste a même refusé de mentionner ce dernier parce qu'il n'était pas sur Wikipédia. J'étais vraiment heurtée. »

Mais soyons honnêtes : sa sœur à 100 %, de sang comme de cœur, celle dont l'histoire est indissociable de la sienne, reste sans conteste Carla. Carla, la petite fille avec laquelle elle tractait sur les marchés. Carla, celle avec qui elle jouait aux journalistes. Carla, celle avec qui elle échappait aux dragueurs lourdauds du 14e arrondissement, et à qui elle a dû confier tant d'états d'âme, de secrets, de rêves aussi.

6

Son père, ce héros

« Ma plus grande chance dans la vie est d'avoir eu un père comme celui-ci », souligne volontiers Marlène Schiappa. En privé, comme en interview, rarement elle manque l'occasion de rendre hommage à ce dernier. Déjà parce qu'elle n'oublie pas que, sans lui, elle n'aurait eu « nulle part où aller » une fois partie de chez sa mère. Ensuite parce qu'il est l'homme qui a su lui donner confiance en elle. Par son amour, sa bienveillance et ses conseils, Jean-Marc Schiappa lui a transmis la force que tout le monde, partisans comme adversaires, lui reconnaît. « Si j'arrive à m'affirmer dans des débats où la prise de parole est si importante, c'est en grande partie grâce à lui, commente la ministre. On peut dire que, d'une certaine façon, il m'a entraînée, et même formée à ça. »

Il est vrai qu'à l'époque, au sein de la famille, le débat politique est roi. Marlène a quatorze ans à peine mais son père n'hésite pas à aborder avec elle, comme avec Carla, des sujets de société fondamentaux. Et autant dire que, devant ce passionné d'histoire, militant, ancien trotskiste et délégué syndical de Force ouvrière, les esprits peuvent s'échauffer !

Dès sa petite enfance, la future ministre a baigné dans une atmosphère politique. Les dîners entre amis se transformaient vite en meetings improvisés, Trotski et Marx étaient présents dans les discussions, si souvent invités qu'elle pense qu'il s'agit d'amis de ses parents… Le doudou de sa sœur a même été baptisé Gorbatchev ! « Nous avons énormément suivi notre père dans des réunions et des colloques, raconte Carla. Du coup, c'est un univers qui nous a toujours été familier. Le dimanche, on allait distribuer des tracts avec lui sur les marchés et ça se terminait par des débats enflammés au café du coin. » Aujourd'hui, si la ministre déplore – un peu – les week-ends et vacances d'enfance conditionnés par l'engagement paternel, elle bénit ces années de jeunesse engagée qui l'ont vue côtoyer de près le mouvement Jeunesse trotskiste. Elle estime que c'est loin d'être un hasard si nombre d'hommes politiques de gauche, comme Lionel Jospin, Julien Dray ou Jean-Christophe Cambadélis ont fait une grande carrière après avoir adhéré à ce courant. « Le trotskisme donne une méthodologie politique et une grille de lecture essentielle sur tout. »

Bien qu'infiniment fier de sa fille, Jean-Marc Schiappa est en désaccord profond avec le gouvernement auquel elle appartient. Invité sur France bleu Corse en avril 2019, l'historien a vivement critiqué le chef de l'État. Interrogé sur le mouvement des Gilets jaunes, et sur ses chances d'aboutir, il a répondu avec autant de véhémence que d'ironie : « Comment voulez-vous que quelqu'un qui n'a jamais été élu dans une quelconque assemblée, qui est le produit du système bancaire dans sa splendeur, puisse considérer qu'il faille donner des choses à ces gueux ? » Ambiance.

En privé, l'homme ne s'interdit pas de s'opposer à sa fille et de le lui faire savoir. Notamment sur certaines des lois qu'elle porte avec Gérald Darmanin. La laïcité, par exemple, domaine de spécialité de l'historien, est un sujet de discorde entre eux, interminables échanges de SMS ou coups de téléphone à rallonge à l'appui. S'ils partagent les grandes valeurs d'égalité et de solidarité, père et fille n'ont pas la même vision sur la façon de faire bouger les choses. « Mon père est quelqu'un d'entier mais aussi de radical politiquement, ce qui n'est pas mon cas, explique Marlène Schiappa. Personnellement, je ne pense pas qu'il faille abolir le patronat pour améliorer les conditions de travail des salariés. Il y a d'autres options. » Mais même si le ton peut parfois monter, la ministre aime toujours autant débattre avec lui. « J'ai parfois lu dans la presse que j'étais en rébellion contre lui… Mais, sincèrement, j'ai passé l'âge ! D'autant que l'on a, l'un et l'autre, bien du recul sur nos désaccords. Ce qui nous permet même de beaucoup en rire ! Nous savons tous deux que rien n'est plus important que la famille. » En 2018, suite à un article du *Monde* qui évoquait leurs divergences, elle avait balancé un tweet ayant le mérite d'être clair : « Au XXIe siècle, les femmes ont le droit d'avoir des idées politiques différentes de leur père ou de leur mari – et vice versa – sans que cela soit interprété comme une leçon ou un clash, n'en déplaise à certains. »

Des propos partagés par l'intéressé qui assume plutôt bien d'avoir une fille proche du sommet de l'État. Un jour, alors que Jean-Marc Schiappa participe à un congrès politique, un homme l'interpelle et lui lance d'un ton aussi moqueur que déplaisant : « Alors, ça fait quoi d'avoir une fille au gouvernement ? » Sans hésiter, celui-ci lui réplique : « Ça fait que je suis fier d'avoir appris à ma fille à penser par elle-même. Manifestement, ce n'est pas ton cas. » Ses opinions ne l'incitent donc en rien à dissimuler sa fierté. Il s'est d'ailleurs déjà faufilé dans les gradins de l'Assemblée nationale pour observer sa fille défendre une loi. Non sans une forte émotion : de loin, dans son coin, le militant politique s'efface devant le père admiratif…

Même s'il n'est pas connu du grand public, Jean-Marc Schiappa est respecté dans la sphère politique. Son image d'historien brillant – et militant intransigeant – qui ne fait jamais de compromis, dès lors qu'il s'agit de ses convictions, force le respect. Un engagement viscéral qui laissait parfois sa fille incrédule, à l'adolescence. « Change de parti si tu veux être élu ! Va au PS ou au Parti de gauche, tu auras une circonscription sans difficulté », lui répétait-elle sans cesse. Mais l'homme n'avait – et n'a – que faire des honneurs, ses valeurs seules comptaient et comptent. Dans l'entourage de la ministre, le paramètre paternel est connu et pris en compte. Un paramètre guère surprenant si on y réfléchit. Car si Marlène Schiappa roule pour En marche, et est rattachée au ministère de l'Intérieur, n'est-elle pas le membre du gouvernement ayant le plus le cœur à gauche ? « C'est probablement la plus sociale d'entre eux, analyse un proche d'un ministre qui la connaît bien. Ça en agace certains, qui la trouvent obsédée par l'idée de défendre la veuve et l'orphelin. Et qui n'apprécient guère qu'elle ne reste pas dans l'ombre, elle qui est plutôt éléphant dans un magasin de porcelaine. » Mais d'autres, à commencer par le chef de l'État, estiment qu'au moins, elle n'est pas déconnectée des réalités.

Un sens du concret qui tient à son éducation. À un âge où la plupart des enfants n'ont aucune idée de ce que représente la lutte sociale, Marlène et ses sœurs s'égosillaient dans les manifs avec leur père. « J'ai tellement chanté de slogans que certains me resteront en tête toute ma vie. Mon père m'a souvent emmenée dans des manifestations organisées pour défendre le droit des femmes. Contre la fermeture des services de gynécologie médicale par exemple, ou encore pour soutenir le droit à l'avortement. Il a toujours été très féministe. »

Dans les partis d'extrême gauche très structurés, organisés autour de ce qu'on nommait la « cellule », des réunions secrètes visaient à déterminer les actions militantes à venir. Et la petite y assistait. Un jour, alors qu'elle a six ans, elle débarque dans le salon tandis que ses parents dînent avec des amis, et leur lance : « Ah, c'est le soir de la cellule ? » Amusé, mais scotché, son père se demande alors si on ne parle pas un peu trop de politique à la maison…

Que l'on ne s'y trompe pas, l'homme n'est pas juste une sorte de coach en militantisme, il est aussi, et surtout, un excellent père. Quand elle évoque son enfance, Marlène ne tarit pas d'éloges sur son investissement total : « Mon père n'a jamais eu besoin de hausser le ton. Nous étions très sages et obéissantes avec lui parce que tout était fondé sur la confiance. Il ne nous faisait jamais sentir que s'occuper de nous était une corvée, répétait qu'avoir deux filles était la plus belle chose de sa vie. À la plage, par exemple, jamais il ne nous disait d'aller jouer plus loin, non, lui faisait des châteaux de sable avec nous ! Il nous lisait aussi des livres, nous emmenait chez les bouquinistes, regardait nos dessins animés. C'est aussi lui qui préparait notre goûter, en faisant attention à ce qu'on ait exactement la même quantité de lait et de gâteau pour ne créer aucune injustice. D'une assiette de pâtes au beurre, il faisait une fête en imitant les émissions culinaires ou en entonnant des chansons de la Motown. Quand j'ai été renvoyée d'un job, vers dix-neuf ans, je l'ai rejoint alors qu'il assistait à une réunion politique dans un bar. En apprenant la nouvelle, il a offert une tournée générale en déclarant : “Ce n’est pas la dernière fois que tu te feras virer, mais tant pis pour eux et sache que la vie continue!” Tout le bar a trinqué à ma libération de ce job pénible. Un père exceptionnel, vraiment. » Son héros.

7

Elle aurait voulu être une artiste

«J'ai été la première élève fille de l'école de la maîtrise de Paris. Ma petite gloire à moi», confie fièrement Marlène Schiappa.

Ce département du conservatoire n'est, en effet, mixte que depuis 1992. Lorsqu'elle y entre, la petite fille a dix ans. Elle chante, pratique le piano, et étudie le solfège avec une grande assiduité. École le matin, musique l'après-midi, une formation de grande qualité.

Le principe lui plaît, elle est talentueuse. En à peine quelques mois, elle se retrouve même, avec ses camarades, sur la scène du théâtre Marigny pour donner un concert qu'elle n'a jamais oublié. Car oui, même si elle aime s'égosiller en chantant des chansons populaires, Marlène a une vraie formation classique. «J'y ai appris énormément de choses qui me servent encore aujourd'hui.»

Au vu de sa playlist dévoilée en 2018 dans l'émission *Je t'aime, etc.*, sur France 2, notons qu'elle a des goûts plus qu'éclectiques. Vincent Delerm, Hoshi, Juliette Armanet, mais aussi Dalida et son «Gigi l'amoroso», qu'elle considère comme une chanson sur l'intégration! «C'est l'histoire d'un jeune homme qui vient d'un petit village italien, veut vivre son rêve américain et essaye», soulignait-elle sur le plateau.

8

Mariée… trois semaines !

« C'est mon côté Elizabeth Taylor », s'amuse Marlène Schiappa, en faisant référence à la star américaine aux yeux violets, mariée à neuf reprises au cours de sa vie, et parfois pour quelques semaines seulement. Car, avant Cédric, son actuel conjoint, la ministre a épousé un homme pour une union de courte durée. Très courte même !

Années lycée. Elle sort avec un certain Julien. Qui, pendant trois ans, se comporte en véritable chevalier servant. Alors qu'il habite à Issy-les-Moulineaux et elle dans le 14e arrondissement, il vient la chercher (presque) tous les matins afin qu'elle ne fasse pas le trajet seule jusqu'à leur lycée… dans le 16e ! « Le midi, il préparait mes repas si on rentrait déjeuner chez lui et, le soir, me ramenait chez moi », se souvient-elle. Le garçon est très amoureux. Il lui offre des bijoux, lui écrit des poèmes, lui retranscrit les paroles de « Je te promets », le tube de Johnny Hallyday, qu'il lui transmet discrètement pendant les cours… Elle l'aime tellement qu'elle en arrive à se projeter, à envisager… jusqu'à ce que leur histoire finisse par s'étioler. Cette relation trop fusionnelle inquiète les parents respectifs et étouffe les amoureux.

Même si la décision est prise d'un commun accord, Marlène est triste. Le vide laissé par Julien étant abyssal, son chagrin, profond, elle se rapproche d'un autre garçon de sa classe. Gentil, dévoué, et non moins charmant, il prend soin d'elle autant qu'il peut. La console, la rassure, lui fait beaucoup de cadeaux, à son tour. Elle a besoin d'attention, de tendresse, de bienveillance, il est là. Dévoué. Leur couple fonctionne. La future ministre est dans l'optique de fonder une famille, sujet qui l'obsède et constitue plus un prétexte qu'un objectif. À peine ont-ils soufflé leur dix-huitième bougie qu'ils s'installent ensemble ! D'abord à Bastia, où ils restent une petite année, puis à Paris, où ils décident de se marier après quelques semaines. Le rêve de noces enfin exaucé, le caprice de petite fille enfin comblé, Marlène goûte au bonheur de la vie maritale. Enfin presque… Car si elle se fait passer la bague au doigt un 4 juillet, c'est le 17, soit à peine quinze jours plus tard, qu'elle croise la route de Cédric ! La procédure de divorce est lancée quelques semaines après la cérémonie de mariage.

9

Cédric

Difficile de faire l'unanimité autant que lui. Dans l'entourage de Marlène Schiappa, tous s'accordent à dire à quel point l'homme qui partage la vie de cette dernière est le pilier essentiel de son existence. « Il est son roc ! Leur lien s'avère indestructible », souligne Goretty Ferreira, une amie intime, directrice de l'agence pour l'entrepreneuriat des femmes. Même au sein du ministère, où il n'hésite pas à se rendre, Cédric Bruguière jouit d'une bonne réputation. « Tout le monde l'adore, confie Caroline, une ancienne conseillère de Marlène. Il bénéficie d'un capital sympathie énorme. »

Voilà donc un homme que sa femme aime éperdument… et dont les amis et collègues sont fans ! Presque l'homme parfait ? « C'est vrai qu'il a la cote, valide l'épouse. Cédric est quelqu'un toujours dans l'écoute. Les gens ont vite envie de se confier à lui. »

En juillet 2023, cela fera vingt ans que Marlène et Cédric se sont croisés pour la première fois. Elle est hôtesse d'accueil dans une entreprise, lui, un jeune diplômé venu se faire recruter. Le genre de rencontre qui ne s'oublie pas… surtout pour lui !

Cédric vient passer un entretien d'embauche et s'assoit juste en face de Marlène, qui lui propose un verre d'eau. C'est l'été, il fait très chaud, donc il accepte volontiers l'attention. Mais elle lui rétorque aussitôt : « Eh bien servez-vous… la fontaine à eau est juste là. » Le ton est donné. Il a vingt-six ans, elle, dix-neuf… Il est célibataire et elle déjà mariée à son petit ami de lycée. Un crush survient entre eux. Mais on ne se dit rien.

Pendant les vacances d'été qui suivent, Marlène sent que la bague qu'elle porte à l'annulaire de sa main gauche lui irrite le doigt… Encore plus lorsqu'à la rentrée, elle retrouve l'homme au verre d'eau. Des échanges de regards, quelques mots ici ou là, des ébauches de discussions, un premier rendez-vous, un premier baiser… Le jeune mari finit par découvrir un SMS du nouveau prétendant dans le téléphone de son épouse. Le malheureux sent le vent tourner, mais il est trop tard. Marlène est conquise par ce presque trentenaire érudit, venu de Marseille, qui a voyagé en Europe et affiche une impressionnante culture musicale. « Pour elle, alors juste majeure, Cédric était un adulte, mais aussi l'homme idéal. Très vite, elle a été convaincue qu'il était son âme sœur. Au bureau, les consultantes n'avaient pas le droit de l'approcher, sinon elle leur passait un savon ! » se souvient une collègue.

Moins d'un an plus tard, Marlène et Cédric roucoulent sous le même toit. De leur amour naît une petite fille, en 2007, puis une seconde, en 2012. Des années de bonheur qui tanguent parfois. Notamment lorsque l'ascension de Marlène devient incompatible avec la carrière de son mari, et vice versa.

Nous sommes alors en 2015. Cédric travaille dans le développement RH (ressources humaines) et s'est spécialisé dans le recrutement, le suivi des carrières et la gestion des talents. Marlène est alors maire adjointe au Mans, rôle qui la passionne et dans lequel elle s'investit. « Lui ne s'impliquait pas du tout politiquement, donc il y avait un décalage, se souvient-elle. D'autant qu'il semblait ne pas comprendre mon engagement ; le considérait comme un loisir alors qu'à mes yeux, il s'agissait d'un devoir citoyen. » Résultat, Marlène Schiappa se sent incomprise. Elle jongle entre ses enfants, son travail, la maison, tandis que Cédric travaille chez Carrefour, en région parisienne, et rentre rarement avant 21 heures : « Je suis souvent absent, admet-il, mais quand je suis là, tu pars militer. » Le décalage devient un tel fossé que la séparation paraît inéluctable.

Une rupture douloureuse, d'autant plus pénible qu'ils sont obligés de cohabiter quelque temps avant que Cédric ne trouve un appartement. Les deux années qui suivent, tous deux vivent de nouvelles expériences, chacun de son côté. Mais passé les premiers moments de liberté, même s'ils profitent de leur vie de célibataire pour faire des rencontres, ils comprennent une chose : ils se manquent. Ces quelques mois leur font prendre conscience que leur histoire, leur couple, leur amour n'ont pas de prix. En 2017, la famille est de nouveau réunie. Au grand complet.

Mais entre-temps, la donne a changé. Cédric a laissé une adjointe au maire du Mans… et retrouve une proche du premier cercle du candidat en passe d'être élu président. « Sincèrement, je pense qu'il ne l'avait pas trop vu venir, explique Marlène. On s'était quittés juste avant le début de l'aventure En marche et il n'avait pas suivi l'évolution. Si bien qu'au moment de nos retrouvailles, il avait du mal à comprendre qu'il soit possible que je devienne ministre. » Cédric retrouve à peine la jolie brune sur qui il avait flashé quand elle avait dix-neuf ans…

qu'elle s'apprête à entrer au gouvernement comme secrétaire d'État !

Tout va très vite. Trop, peut-être. À ce moment, le couple n'a même pas eu le temps de réaménager ensemble. Marlène a gardé la maison familiale du Mans, lui s'est installé dans un appartement du centre-ville, mais après tout, qu'importe. Dès le début de l'aventure ministérielle, il joue le jeu. Spontanément, sans calcul. Il faut dire qu'il n'a guère le temps de réfléchir : lorsque Marlène est nommée, on lui annonce dans la foulée qu'elle dispose de vingt-quatre heures pour plier bagage et revenir s'installer… à Paris ! Pris de court, Cédric dit simplement : « Si tu es prête… on y va ! »

Une décision qui constitue toutefois un dilemme pour lui. En CDI, avec une bonne situation, doit-il tout quitter pour suivre son épouse dans ses nouvelles aventures ? Plus de quatre ans après avoir fait ce choix cornélien, il raconte : « J'ai tout posé sur la table. Ma situation personnelle, familiale et professionnelle. Et j'ai vite saisi que si je traversais cette phase de transition, la meilleure solution pour tout le monde était que je démissionne pour me mettre à mon compte et bénéficier d'une plus grande souplesse d'organisation. Une fois tout ça clair dans ma tête, je n'ai eu aucun regret. Car, malgré ce qui se passe dans certains couples, je sais qu'on ne doit jamais brider l'autre. Par exemple, j'ai publié un livre sur le management cette année, fait de nombreuses conférences et missions RH auprès de grandes entreprises et de PME… Si l'un de nous deux a envie d'essayer quelque chose de nouveau, on tente toujours de trouver la bonne solution… »

Une fois la famille installée dans la capitale, il faut néanmoins réapprendre à vivre ensemble. Un pari d'autant plus complexe que Cédric est devenu free-lance, là où Marlène embrasse une mission de la plus haute importance. Un décalage important. Soudain relégué au second plan, dans l'ombre de sa femme, Cédric doit assumer. « Il y a des moments où je m'identifie au prince Philip », déclare-t-il avec humour dans une interview accordée au magazine *Paris Match*. Reste que cette situation, même s'il l'accepte, ne le fait pas toujours rire. « Je ne suis pas Tony Danza ! » s'exclame-t-il quand il estime la coupe pleine, faisant référence au personnage d'homme à tout faire de la série *Madame est servie*. Il a beau s'occuper avec plaisir de leurs filles trois heures par jour, compenser nombre de tâches que sa ministre ne peut plus accomplir, il est loin d'être soumis. « Nous avons tous les deux des caractères très forts, résume son épouse. Je suis corse, il est marseillais… donc je peux vous dire que, parfois, ça crie très fort ! On s'engueulait beaucoup, mais c'était notre mode de communication. On ne garde rien pour nous, on se dit les choses. Alors souvent, le ton montait, mais on se mettait rapidement d'accord. Encore plus depuis notre séparation. Réunis depuis, on se comprend bien mieux qu'avant. » Tous les deux adeptes de la communication non violente et des théories de l'école de Palo Alto qui consistent à ne pas projeter sur l'autre ses propres suppositions, ils ont réappris peu à peu à se parler et à s'écouter dans le calme.

Car madame la ministre ne se cache pas d'avoir eu le sang chaud… ni d'avoir été une grande jalouse. Au début de leur relation, elle ne pouvait s'empêcher de fouiller dans le téléphone de son homme, confesse-t-elle aujourd'hui. À la recherche d'un texto suspect, d'une photo ambiguë… qu'elle ne trouvait jamais ! Particulièrement possessive, elle ne supportait pas qu'il sorte sans elle. Aussi, plutôt que de se demander avec qui il passait sa soirée, et ce qu'il y faisait, elle préférait s'y inviter ! « Tout ça sans aucune raison, car Cédric est un homme particulièrement fidèle et loyal », insiste un ami du couple.

Trop fusionnel pendant longtemps, leur couple a su se réinventer. Grâce à leur break de deux ans, mais aussi à la vie différente qu'ils mènent depuis que Marlène est entrée au gouvernement. « Nous ne sommes plus dans le schéma où l'on se sent obligés de tout faire ensemble. Je vois mes copines de mon côté, lui ses potes, et tout se passe bien. On est beaucoup plus autonomes qu'autrefois », souligne-t-elle.

La vie politique n'a pourtant pas que des avantages. La ministre peut être mobilisée sept jours sur sept, vingt-quatre heures sur vingt-quatre. Et il n'est pas rare qu'un dîner de famille soit interrompu par un coup de fil important, voire une urgence qui nécessite qu'elle parte au plus vite. Le fait que Cédric soit à son compte est, en ce sens, une aubaine pour leur vie de famille et amoureuse. « On s'adapte, explique-t-il. Ma situation professionnelle fait que si Marlène a un creux à un moment de la journée, quelle que soit l'heure, je peux me rendre disponible. Elle m'appelle, hop, as-tu une demi-heure pour un café ? Et on se retrouve ! On privilégie la qualité à la quantité. Alors quand on se retrouve, on essaie toujours de faire des choses qui nous ressemblent, pour passer de bons moments en famille. »

Mari, amant, meilleur ami, coach en carrière, père de ses enfants, protecteur, Cédric joue un peu tous les rôles auprès de Marlène Schiappa. Dont celui d'atout diplomatie. Puisque tout le monde l'apprécie, il est le joker qu'elle dégaine lorsqu'une situation lui échappe. Pour approcher des soutiens lors de campagnes électorales, pour mettre de l'huile dans les rouages quand elle sent une relation se tendre avec quelqu'un, ou simplement pour garder contact, le sourire et les qualités d'écoute de

Cédric font merveille. « Tel problème ; c'est réglé ! » lance-t-il souvent à son épouse. « Comment as-tu fait ? » demande-t-elle. « On a simplement discuté », répond-il sur le ton de l'évidence. Le talent du manager RH, sans doute.

La vie de Marlène Schiappa a souvent basculé sur des détails. Une rencontre, une discussion, un coup du sort. Autant d'événements, en apparence anodins, qui ont bouleversé son existence. Elle peut en témoigner… et grandement remercier son époux !

Car à l'époque où ils travaillent tous deux dans l'entreprise dont elle est hôtesse d'accueil, Cédric a des mots qu'elle n'est pas près d'oublier. Alors qu'avec d'autres collègues, ils échangent sur l'avenir, évoquant leurs envies respectives, chacun parlant de ses ambitions, de ses rêves même, Marlène, elle, semble ne pas savoir où elle va. Un peu comme si sa situation d'alors lui convenait. Or son futur mari lui lance tout de go : « Non mais attends, tu ne vas quand même pas rester derrière ton comptoir toute ta vie ? » Piquée au vif, la jeune femme prend la remarque comme un affront, et même un défi.

« Elle est évidemment arrivée là où elle en est grâce à son travail, son talent et ses qualités. Mais je pense qu'en ayant réussi à piquer là où ça faisait mal, j'ai agi comme un détonateur. Après cette discussion, elle ne devait plus regarder son comptoir comme avant… » s'amuse Cédric. Une ex-collègue de Marlène explique d'ailleurs qu'après cet échange, elle a surtout eu peur de ne pas être assez bien pour lui : « Elle a été atteinte du syndrome de la fille amoureuse qui se demande si elle est socialement au niveau de son mec. Ça l'a tellement vexée qu'elle s'est presque aussitôt inscrite en école de communication. »

Remontée, elle postule chez Havas (Euros RSCG à l'époque), la plus grosse agence de com', se fait recruter comme assistante médias, puis reprend des études sous la forme de cours du soir. La machine Marlène se met en marche.

10

Une jeunesse dans la précarité

Peu de ministres, pour ne pas dire aucun, peuvent raconter s'être un jour retrouvés à la rue… Or c'est le cas de Marlène Schiappa. Entre son divorce et le début de sa relation avec le père de ses filles, elle traverse une période particulièrement difficile, dont elle se souvient, la voix chargée d'émotion : «Je n'oublierai jamais ce jour où, en rentrant, j'ai découvert que des scellés avaient été posés sur la porte de mon appartement. Comme dans les films ! Non seulement je ne pouvais plus rentrer chez moi… mais je ne pouvais même plus récupérer mes affaires ! »

À l'époque, son futur ex-mari vient de quitter l'appartement où ils vivaient ensemble. Avec son salaire d'hôtesse d'accueil, Marlène n'arrive plus à joindre les deux bouts. Et pour cause, puisqu'elle gagne moins que le prix du loyer. Conséquence, les impayés s'accumulent, les relances et les lettres d'huissier s'empilent dans la boîte aux lettres. Jusqu'au jour où l'entrée du logement lui est interdite. «Je n'ai jamais pu récupérer les affaires qui étaient à l'intérieur. Tout a été saisi. J'avais dix-neuf ans, je ne connaissais pas les recours juridiques possibles, je ne savais pas vers qui me tourner, j'avais dit à mon père que je me débrouillerais seule… Du coup, j'ai tout perdu. »

En quelques minutes, sa vie bascule. À part le sac à main qu'elle a avec elle, Marlène voit s'envoler tout ce qu'elle possédait, à commencer par la sécurité d'un toit au-dessus de la tête. Le studio où elle devait emménager n'étant prêt que dans deux semaines, que faire ? Appeler sa famille au secours ? Pas question : elle a honte de la situation et trouve inutile de les inquiéter. Et puis, elle a déjà squatté une semaine chez son père au moment de la séparation. Se réfugier chez Cédric ? Leur relation est trop récente, cette arrivée risquerait de précipiter les choses, pire, de leur faire courir le risque de les anéantir, et elle ne veut en aucune manière dépendre de lui. Avant de finir par se tourner vers une copine qui l'hébergera le temps qu'elle se retourne, Marlène se résout à dormir dehors, dans un hall… Une seule nuit certes, mais un véritable traumatisme qui la hante encore.

Dans sa vie, ayant dû à plusieurs reprises apprendre à tout laisser, elle mesure la chance d'avoir un foyer, un toit, un endroit où dormir. Les misères de sa jeunesse lui font relativiser les splendeurs des ministères.

11

De la Fnac au ministère

Pour répondre aux nombreux détracteurs que ses prises de position énervent ou qui lui reprochent d'être « arrivée », elle pourrait simplement rappeler son *curriculum vitae*. Pas celui d'une énarque multidiplômée, bien née, pistonnée quand il faut et propulsée par l'entre-soi qui fait loi dans ce pays de la cooptation qui est le nôtre. Non, le CV d'une infatigable travailleuse. Quoi qu'on pense de ses convictions, de sa façon de les exprimer, de sa famille politique, reconnaissons que Marlène Schiappa bosse.

Et ce depuis l'adolescence, lorsqu'elle vivait avec son père, à Paris. Ancien syndicaliste à la CAF devenu prof sur le tard, à l'époque, il avait des moyens financiers très limités. Alors pour pouvoir déjeuner le midi, sortir avec des amis, s'offrir des vêtements et même s'acheter des fournitures scolaires, sa fille doit bosser. Dès seize ans, elle enchaîne les petits boulots jusqu'à être recrutée par la Fnac, après avoir vu une petite annonce dans un journal gratuit du métro. Encore lycéenne, elle y travaille vingt-cinq heures par semaine ! Pendant ses rares et courtes pauses, elle se réfugie dans le vestiaire avec ses fiches, pour réviser. Dans la confidence, certains de ses professeurs tentent de lui apporter un peu d'aide, notamment en lui indiquant le thème des contrôles à l'avance. Mais à la fatigue se mêle parfois la gêne, comme lorsqu'elle croise des camarades de classe venus faire du shopping avec leurs parents, le samedi, ou se retrouve à devoir les encaisser. Reste qu'elle s'accroche. Plus tard, elle rejoint le service après-vente de Darty Montparnasse.

De son propre aveu, cette expérience lui enseigne l'humilité, posant les bases d'une bonne rigueur et d'une bonne organisation. Face à des clients remontés comme des coucous, elle apprend à manier l'apaisement tout en les fidélisant (tiens, tiens...). Un bon centre de formation, en somme. Elle a même gardé de ce boulot une expression que ses conseillers entendent aujourd'hui souvent. Si elle s'aperçoit qu'une personne de son entourage se laisse déborder, elle s'exclame : « Lui, au SAV Darty, il ne tiendrait pas quarante-huit heures ! » Dynamique, pétillante et diablement efficace, la jeune Marlène rayonne. À tel point que sa cheffe de service, Valérie, l'encourage à changer de crémerie. « Tu es une fille intelligente, ne reste pas là, tu vaux mieux que ce job », lui ressasse-t-elle. C'est d'ailleurs avec son aide que Marlène postule chez Links Conseil pour devenir hôtesse d'accueil. Un bond en avant relatif... mais qui lui permettra de rencontrer Cédric. L'homme qu'elle épousera, lui donnera deux petites filles, et la poussera à se dépasser comme personne.

Derrière le personnage politique médiatique, le grand public connaît en réalité peu la carrière de Marlène Schiappa. Il sait sans doute qu'elle a été une blogueuse engagée, qu'elle écrit des livres, mais entre le job de caissière et l'entrée dans un ministère, le nombre d'étapes franchies, avouons-le, laisse pantois.

Jeune maman, elle fait un triste constat. Elle travaille dans la pub, chez Euro RSCG, avec son mari Cédric, la vie de couple fonctionne, donc tout va bien. Sauf qu'au quotidien, elle s'aperçoit combien les clichés ont la vie dure. Très dure, même. Au bureau, lors des pauses-déjeuner, toutes ses collègues femmes (mamans elles aussi) galèrent. «Je les voyais mettre à profit le peu de temps qu'elles avaient pour faire les courses sur Internet, préparer les vacances et gérer les problèmes de nounou, puis retourner bosser… Alors que leurs mecs semblaient avoir fait un enfant comme s'ils avaient adopté un chien ou un chat. Sans toutes les contraintes qui vont avec!» Ses méninges s'agitent. Elle bouillonne. La répétition du spectacle l'afflige… Et la décide à démissionner de son poste pour monter un blog personnel : Maman travaille.

Face à la tyrannie du présentéisme en entreprise, la plus grosse difficulté d'une mère qui travaille est de devoir, en permanence, jongler avec les horaires. Modes de garde, places en crèche introuvables, pères absents… autant de casse-tête qu'elle contribue à résoudre *via* cette plateforme qui se présente, au départ, comme un simple «réseau des mères actives», mais qui devient rapidement une machine à succès.

Lorsqu'elle crée ce blog, elle n'imagine pas une seule seconde que la société Yahoo! va décider de l'héberger plus de sept ans et que huit millions de visites seront comptabilisées entre 2008 et 2014! Distillant des conseils facilitant l'entraide, multipliant rencontres et débats, Maman travaille est aussi, pour Marlène Schiappa, une façon de commencer à faire de la politique, notamment avec la publication de tribunes sous forme de coups de gueule, mais aussi du business puisque la femme d'affaires qui sommeille en elle va se réveiller. Le géant américain lui propose, en effet, de devenir directrice de contenus.

Habile, elle monte aussitôt sa petite entreprise en s'associant avec un ami, qu'elle baptise Scribes (Société de contenu rédactionnel internet blog et social media). Un coup d'avance, car à l'époque, en France, les personnes maîtrisant les blogs et ce type d'outils ne sont pas légion. « Ce que nous proposions, c'était de créer des concepts, de produire du contenu et d'animer des communautés en ligne. On a rapidement eu beaucoup de clients », se félicite-t-elle aujourd'hui. MSN, un autre géant, s'en mêle et lui propose des marchés. La machine s'emballe, au point qu'en quelques mois, son associé et elle produisent le contenu des rubriques finances, télé, et news de Yahoo ! Ils gèrent également les lancements de Yahoo ! Pour Elles, MSN Finances, MSN Sports, puis se mettent à produire pour le site internet du quotidien gratuit *20 minutes* ! « Entre nous, on en plaisantait en disant que la moitié des articles du Web venaient… de nous ! »

Quand on connaît la suite, le destin qu'elle a embrassé, il est intéressant de relire une interview qu'elle a accordée au site Paperblog, dans laquelle elle expliquait (notamment) comment se répartissaient ses journées : « Le père de ma fille se lève tous les matins vers 6 heures pour lui donner son biberon. Vers 7 heures, je me lève à mon tour pour la préparer, puis je me jette sur l'ordinateur pour mettre à jour les sites, voir les stats, lire les commentaires, notamment sur Maman travaille. Ensuite, un jour sur deux, elle va à la crèche. Et un jour sur deux, c'est moi qui la garde à la maison… Je passe le plus clair de mon temps sur Internet : je contacte des clients *via* Facebook, je participe à des briefs sur Skype, à des conférences de rédaction par téléphone ou *via* MSN… » La future ministre a déjà un rythme effréné. La cadence est telle qu'elle oublie de déjeuner, et ne se « nourrit » que de Coca light… Pas de sucre, beaucoup de caféine pour tenir le coup. Mais le jeu en vaut la chandelle. Le job d'hôtesse d'accueil lui paraît bien loin quand elle écrit « Chef d'entreprise » dans la case « Profession de la mère » sur la fiche de rentrée en crèche de sa fille.

Marlène Schiappa ne s'arrête pas là. Bientôt, elle ajoute à ses fonctions celle de chargée des activités pour l'équipe du Bondyblog, dans un premier temps comme bénévole, avant de s'associer à la société de production. L'engagement est au centre du projet. Après avoir rédigé plusieurs reportages sur les sans-papiers de Neuilly-sur-Seine (Hauts-de-Seine) ou sur l'esclavage moderne dans les quartiers chics, elle entre même au capital de l'entreprise.

Si elle est sur tous les fronts, elle n'en oublie pas de préserver des moments de partages avec sa petite fille. Les jours où cette dernière va à la crèche, quel que soit l'emploi du temps de l'entrepreneuse, celle-ci s'arrange pour passer deux heures en sa compagnie, entre 17 h 30 et 19 h 30. Mère et fille chantent, dansent, jouent jusqu'au coucher de l'enfant. Mais après un moment d'intimité partagé avec son mari, autour de 21 heures, direction l'ordinateur ! Sur le clavier duquel elle reste jusqu'à minuit, parfois (si l'inspiration est là) toute la nuit.

Comme si cela ne suffisait pas, on lui propose de prendre la direction du blog Ecotidien, en collaboration avec celui qui le finance, un certain Michel-Édouard Leclerc... Également diffusée sur Yahoo!, cette plate-forme à un million de visiteurs par jour aborde des problématiques liées à l'écologie, la consommation et l'innovation... Marlène doit produire le contenu et gérer la communauté. Une boulimie d'activités.

Devant tant de succès, la concurrence se demande qui se cache derrière cette femme de vingt-cinq ans à qui tout réussit… Comme elle est associée à un métis de banlieue de trente ans venu du monde des associations sportives de quartiers sensibles et n'hésite pas à se rendre à certains rendez-vous client son bébé sous le bras, elle intrigue. « C'est aussi ce qui marchait, s'amuse-t-elle aujourd'hui, car les clients voyaient qu'on ne baratinait pas… On était naturels, sans filtre… on ne trichait pas ! Nos clients préféraient ce naturel aux PowerPoint de trente pages de certaines agences… »

Pour se perfectionner, elle décide de suivre une VAE (validation des acquis d'expérience) afin d'obtenir un diplôme sur les nouveaux médias et la communication en ligne. Plusieurs mois durant, elle étudie donc en parallèle, à l'aide de cours du soir. Son objectif ? Se présenter devant un jury qui déterminera si elle est qualifiée, ou non, pour prétendre au diplôme. Pour elle, une formalité.

Le business continue de prendre de l'ampleur. Avec des clients très variés. Qui vont d'architectes norvégiens essayant d'implanter l'architecture durable en France… à des chanteurs célèbres désireux de confier la gestion de leurs blogs et réseaux sociaux. Toujours sur Yahoo !, Marlène Schiappa lance un blog dédié aux femmes en politique… Les grands groupes comme Lagardère font appel à ses services, certains ayant même envie d'embaucher l'entrepreneuse prometteuse. Des agences de communication renommées, qui ont du mal à comprendre comment le Web fonctionne, la sollicitent. Sauf qu'à l'heure où le télétravail n'est qu'un doux rêve pour la majorité des employés, elle préfère garder sa liberté. « Quand j'y repense, il est fou d'avoir pu gérer un tel business depuis mon salon… tout en donnant des biberons ! »

N'ayant aucune envie de se retrouver dans un bureau, elle préfère travailler à domicile – ou juste à côté, depuis le parc de la Planchette, à Levallois-Perret (Hauts-de-Seine).

Sa fille allant seulement à la crèche trois demi-journées par semaine, le reste du temps, elle doit travailler tout en prenant soin de la petite. Un casse-tête qu'elle parvient à résoudre en se rendant à certains rendez-vous avec l'enfant installée dans un porte-bébé, et un sac à langer sur l'épaule ! Plus elle repousse les approches d'éventuels employeurs, plus elle croule sous les propositions. « Mon boss, quand j'ai quitté la boîte où j'étais pour créer Maman travaille, m'a dit : "Tu sais, tu ne devrais pas, les blogs ça ne mènera jamais à rien…" », sourit-elle.

Marlène Schiappa finit néanmoins par craquer et rejoindre une petite agence. Son nom ? Pampa. Une entreprise dont le patron a quatre enfants en bas âge et se montre compréhensif et attentif aux contraintes qu'une progéniture impose à une jeune maman. En plus de ses autres activités, la future secrétaire d'État arrive donc dans cette entreprise à taille humaine, « où on bosse avec la musique à fond », société qui correspond à ses valeurs et qui, en bonus, embauche des jeunes issus des banlieues *via* le réseau du Bondyblog. « J'y ai amené mes clients, j'étais associée… donc très autonome. » Elle encadre une dizaine de rédacteurs avec lesquels elle bûche le contenu des suppléments ou des numéros spéciaux de certains magazines, comme *L'Équipe*, pour qui elle a concocté un spécial fête des pères. « En idées cadeaux… j'avais mis des poussettes et des aspirateurs », s'amuse cette féministe aussi taquine qu'invétérée.

Intégrer Pampa ne signifie pas arrêter le reste. Son blog Maman travaille tourne à plein régime. Pour certains, la marque est même devenue un lobby. Un réseau qui mêle des articles, des coups de gueule, du coaching et des interviews… qui organise aussi des réunions locales dans les grandes villes de France, et ne se prive pas d'interpeller les politiques. Comme en 2015, lorsqu'Alain Juppé et

Anne Hidalgo, respectivement maires de Bordeaux et de Paris, signent un pacte de « transparence des critères d'admission des places en crèche », initié par Maman travaille… Le blog reçoit régulièrement des prix, notamment pour son influence, et la renommée de sa fondatrice grandit. Pour l'anecdote, le succès la pousse à lancer un pendant masculin : Papa travaille. Un sujet encore tabou, un concept qui fait flop avec une centaine de visites par jour. « Les hommes aussi sont brimés par les stéréotypes. Quand ils veulent poser un jour de congé parce que leur enfant est malade, on demande si leur femme ne peut pas s'en charger. Le père est toujours considéré comme le parent de substitution », soulignait-elle dans les colonnes de *Madame Figaro*.

Déçue, elle concentre ses forces sur son blog d'origine, qu'elle diversifie en présentant une ligne de bodys bios pour bébés portant l'inscription « Maman travaille ». Ainsi que plusieurs livres, comme *Maman travaille, le guide*[1] ; *Les 200 astuces de Maman travaille*[2] ; ou *Le Guide de grossesse de Maman travaille*[3]. Insatiable, elle monte régulièrement des conférences, des formations, des salons et des événements dans des ministères ou de grandes entreprises (comme Carrefour). « Entre les droits d'auteur et la production web, je gagnais bien mieux ma vie que depuis que je suis ministre », souligne-t-elle.

L'Assemblée nationale et le Sénat commencent à lui faire les yeux doux, tandis que le ministère chargé des Droits des femmes, emmené par Najat Vallaud-Belkacem, la sollicite. La loi pour l'égalité professionnelle étant en pleine écriture… un personnage comme Marlène

1. Paris, First, 2011.
2. Paris, Leduc, 2013.
3. *Id.*, 2014.

Schiappa apparaît attractif et incontournable. Elle est ainsi choisie comme marraine et jurée du concours pour HEC au féminin, participe à des voyages de presse dont un au Sénégal, emmenée par l'Unicef soutenir son programme d'aide aux filles et aux femmes…

Sa réussite dépasse de très loin ce qu'elle imaginait en créant ce petit blog, quelques années auparavant, chez elle ! Mais avec l'arrivée de sa seconde fille, le défi commence à devenir trop élevé. Avec une aînée encore petite (cinq ans), un bébé et un mari qui rentre tard chaque soir… elle tient sur un fil. Pour diriger son business, gérer des clients et encadrer des équipes, elle doit rester connectée (dans tous les sens du terme) quasiment en permanence. Avec une vie de (double) maman à mener de front, même quelqu'un qui, comme elle, peut tenir en ne dormant que quatre heures par nuit, craquerait… «J'ai fini par faire une forme de burn-out, raconte-t-elle, et mon corps a commencé à lâcher. J'ai frôlé la septicémie.» À moitié inconsciente, Marlène Schiappa atterrit à l'hôpital. Le constat est sans appel : elle a effleuré la mort. Une expérience qu'elle considère comme un avertissement, et qu'elle raconte dans le préambule d'un livre intitulé *J'arrête de m'épuiser*[1], coécrit avec Cédric, son mari, et publié en 2015.

Radicale, elle cède ses parts et les marques qu'elle détient pour se recentrer sur sa vie de famille et sur elle-même. Une période difficile qui correspond également à l'un des drames de sa vie. Sous l'emprise de la drogue, l'un de ses meilleurs amis se suicide en sautant d'une fenêtre… Le coup dur de trop. Elle a besoin d'air, de changement, le sait. «J'ai ressenti un besoin de calme, de sérénité. J'aspirais à moins travailler et à prendre un

1. Paris, Eyrolles.

peu plus le temps… » Entre ce constat et le prix de l'immobilier, même si elle n'écarte pas l'idée de « revenir dans ce business un jour », il lui faut entamer une nouvelle vie. Ailleurs. En province. Au calme. Vraiment ?

12

Parisienne en exil (au Mans !)

En 2013, Marlène et Cédric ont la trentaine. Comme beaucoup de jeunes parents vivant en région parisienne, ils souhaitent devenir propriétaires. Rien de très original lorsqu'en plus un second enfant est né. Ce désir légitime, toutefois, s'avère vite un chemin de croix. Avec leur budget, dans la capitale, ils ont de quoi s'offrir un studio... ou une place de parking ! Paris *intra-muros* est inaccessible, la proche banlieue, au fil de leurs recherches, semble tout aussi illusoire. Ce qu'ils visitent est soit trop petit, soit hors de prix. Se rendre à l'évidence s'impose : pour investir dans la pierre, il leur faut bien plus que franchir la Seine ! À force de scruter les annonces, leur quête les conduit de plus en plus loin du centre, une idée commence alors à germer. Et s'ils franchissaient un pas bien plus grand...

« On a regardé des villes situées à une heure de Paris. En visant carrément la province, là où les maisons sont vraiment moins chères », raconte la ministre. Sur les conseils de sa copine Géraldine, qui y vit, Marlène s'intéresse au Mans. Présentant de nombreux atouts, comme le fait d'être située à une heure de Paris en TGV, la préfecture de la Sarthe apparaît bientôt comme une possibilité envisageable. Le couple parcourt quelques annonces locales, et s'arrête sur l'une d'elles. Dès la première visite, c'est le coup de cœur. Dans la grande et belle maison, Cédric et Marlène parviennent à se projeter. C'est ici qu'ils veulent s'installer et élever leurs deux filles. Avec sa cour arborée et fleurie, ses trois belles cheminées, sa grande hauteur sous plafonds, la vue depuis l'étage qui donne sur les toits de la ville, et son calme que seules les cloches de l'église troublent le dimanche matin… la bâtisse coche toutes les cases ! Située dans un quartier sans prétention, classe moyenne, elle est l'endroit idéal pour commencer une nouvelle vie.

Sans rien connaître du Mans, sans même avoir pris la peine d'aller en arpenter les rues, le couple fait une offre. Sur-le-champ.

Dans les jours qui suivent, il découvre pourquoi la cité mancelle a, parfois, mauvaise presse. Car Le Mans, contrairement à Paris, Marseille ou Lille, est perçu (à tort) comme une ville sans grande personnalité. Déjà parce que les façades de ses maisons sont assez austères. Des bâtiments construits autour des années 1930, de couleurs ocre, beige, ou grise, sans fioritures qui, de prime abord, paraissent sinistres. « Mais ces maisons, comme celle que l'on a achetée, cachent souvent des jardins et des cours que l'on appelle des mancelles, avec beaucoup d'arbres et de fleurs absolument magnifiques », explique Marlène. Des trésors cachés qui se visitent une fois par an, à l'occasion du festival « Cour et jardin », créé par Jean-Claude Boulard, l'ancien maire.

Installé rapidement, le jeune couple s'y plaît. La maman y est même comme un poisson dans l'eau. Elle aime déambuler dans les allées du marché des Jacobins, considéré comme l'un des plus beaux de France, au pied de la cathédrale Saint-Julien. Elle trouve ses

« cantines », comme La Réserve, un restaurant tenu par le seul chef étoilé du Mans, aux prix très abordables. Elle aime bouquiner ou retrouver ses amies à la terrasse du Venez, place de la République. Quand elle a un peu de temps, elle fait un crochet par la Fnac ou par sa librairie préférée… Elle flâne dans la Cité Plantagenêt, vieille ville si bien conservée que des films y sont régulièrement tournés. Et avec le tramway, pour quelqu'un qui n'a pas le permis de conduire, comme elle, Le Mans se révèle très facile d'accès. Plusieurs cinémas, dont un d'art et d'essais qu'elle affectionne, viennent compléter le tableau. « J'ai adoré découvrir que Le Mans était une ville très culturelle. Il y a un salon du livre chaque année, une scène de théâtre nationale, une médiathèque et une MJC très active », raconte-t-elle, en bonne ambassadrice. Pour un couple de jeunes parents, la proximité avec la nature constitue un vrai plus : « Chaque mercredi, j'emmenais ma fille aînée faire du vélo dans la forêt qui borde la cité. Et quand je suis de passage, j'aime y retourner. »

Elle y a d'ailleurs conservé nombre d'amis. Environ une trentaine, plus ou moins proches, rencontrés pour l'essentiel quand elle travaillait à la mairie. Parmi eux, la cheffe de cabinet de Stéphane Le Foll, avec qui elle prend grand soin d'éviter les sujets politiques… Dans cette localité historiquement ouvrière, loin des paillettes et des notables, où tout le monde se mélange de bon cœur, Marlène Schiappa va rayonner progressivement, dans tous les sens du terme. « C'est une ville très engagée, avec un grand nombre d'associations, beaucoup de débats et de colloques passionnants », souligne-t-elle. En s'installant là-bas, elle l'ignore bien sûr, elle n'est qu'à quatre ans du jour où elle sera nommée secrétaire d'État.

13

Une vraie mère louve

Difficile d'isoler une anecdote qui résumerait le personnage de Marlène Schiappa. S'il fallait en détacher une, la scène qui s'est déroulée le 4 décembre 2020 à l'Assemblée nationale figurerait (au moins) sur le podium. Ce jour-là, le Palais-Bourbon doit débattre d'un projet de loi visant à décaler l'organisation d'élections partielles en raison de la pandémie de Covid-19. Mais, crime de lèse-majesté, la ministre déléguée chargée de la Citoyenneté fait son entrée dans l'hémicycle… avec six minutes de retard! Du haut de son perchoir, Laëtitia Saint-Paul, la vice-présidente de l'Assemblée nationale, décide de la rappeler à l'ordre comme si elle s'adressait à une élève de CM2, d'un ton ouvertement moralisateur : «Madame la ministre, dans ma formation on m'a appris qu'être à l'heure c'était déjà être en retard… Je pense que nous accepterions tous vos excuses.» En deuxième lame, le député Les Républicains Raphaël Schellenberger (LR) prend la parole et enfonce Marlène Schiappa. «Il y a beaucoup de ministres dans ce gouvernement, peut-être même plus qu'il n'y en a jamais eu. Et il ne s'en est pas trouvé un seul, ce matin, pour être à l'heure. C'est assez agaçant», peste-t-il dans la foulée.

Derrière son masque chirurgical, difficile de savoir alors si l'interpellée bout, reste stoïque ou médusée par le procès qui lui est fait. Mais quand elle prend la parole, dans un silence de cathédrale, chacun de ses mots fait mouche. Une réponse devenue culte qui mérite d'être retranscrite dans son intégralité : «Je n'avais pas besoin de votre rappel, madame la présidente. J'avais bien évidemment prévu de vous présenter très humblement mes excuses pour ces six minutes de retard dont j'espère qu'elles n'entraveront pas gravement la poursuite de nos débats. Il s'avère que j'ai terminé hier soir à 2 heures du matin les discussions au Sénat et que ce matin j'avais simplement un enfant qui était malade. Je devais donc m'occuper de la garde pendant la journée pour me rendre ici avec vous. Ce sont des choses qui arrivent. Les ministres sont des êtres humains. Je suis humblement confuse pour ces six minutes de retard, je ferai en sorte qu'elles ne se reproduisent plus… et je vous remercie pour les bons vœux de rétablissement que vous ne manquerez pas d'adresser à mes enfants… »

L'accrochage n'a rien d'anodin, et il rappelle les priorités de Marlène Schiappa. Pour son amie Assia Benziane, adjointe au maire déléguée à l'Égalité et aux Droits des femmes de Fontenay-sous-Bois (Val-de-Marne), le message est fort : «En la voyant réagir ainsi, des millions de femmes vont potentiellement se dire qu'elles aussi, dans leur travail, pourront faire valoir leur rôle de maman. Que si une ministre rencontre ce genre de problèmes, elles n'ont pas à culpabiliser.» Car si elle se donne à la politique de toutes ses forces, et même de toute son âme, elle est et restera avant tout la maman de deux petites filles. Une règle avec laquelle elle ne transige jamais.

Déjà, lorsqu'elle était adjointe au maire du Mans Jean-Claude Boulard, entre 2014 et 2017, il n'était pas rare de la voir débarquer avec ses enfants au conseil municipal. Certains pouvaient considérer ça comme insolite, voire irrespectueux, mais elle n'en avait cure. « Être mère, c'est l'affaire de ma vie, déclarait-elle dans les colonnes de *Madame Figaro*, en mai 2018, je me suis toujours organisée pour que mes filles n'aillent pas au centre de loisirs ou ne soient pas gardées par une baby-sitter. » Secrétaire d'État à l'Égalité femmes-hommes, elle a même contribué à créer un bureau destiné à accueillir les enfants des collaborateurs pour les jours où les modes de garde viendraient à manquer. Et elle ne s'est pas privée d'y mettre régulièrement ses propres filles, qui prenaient alors un malin plaisir à jouer ses assistantes !

Toutes deux ne souffrent apparemment pas de la notoriété de leur maman. Au collège pour l'aînée, ou à l'école primaire pour la cadette, elles ne sont ni moquées ni favorisées, vivant une scolarité *a priori* normale. « On avait quelques inquiétudes au départ… mais c'est sans doute elles qui ont le mieux vécu l'ascension de Marlène, se félicite Cédric. Elles ont conscience de son exposition médiatique, mais sont surtout fières de ce que fait leur maman. » Un soir, en arrivant dans son salon, Marlène les surprend même en train de visionner en boucle une scène où, à l'Assemblée nationale, elle recadre un député qui l'a interrompue. Perchées sur des talons, les fillettes, qui ont mis des boucles d'oreilles pour l'occasion, s'amusent comme des folles à imiter leur ministre de mère ! Et quand elle jouait au petit bac, il y a quelques années, dans la case « célébrités », l'aînée s'amusait même à placer le nom de… « Marlène Schiappa » !

Seul bémol résultant des responsabilités actuelles de Marlène Schiappa, sa charge de travail, synonyme d'absences prolongées. Ses filles aimeraient l'avoir plus souvent à la maison… mais savent profiter des moments qu'elle parvient à leur accorder. « Même si elle est peu présente, elle l'est quand il le faut, précise son mari. Elle peut se montrer intransigeante sur leur éducation, insistant sur les valeurs qui lui sont chères comme la famille, le travail, la politesse et le respect des autres… mais aussi partager avec elles de vrais moments de plaisir. Autour d'un jeu de société, d'une partie de cartes, ou en chantant avec la musique à fond… Marlène est vraiment une excellente maman. »

Pour une femme aussi maternelle, le choix d'embrasser une carrière politique peut toutefois sembler paradoxal. Mais celle qui reconnaît utiliser le shampoing de ses filles pour sentir leur odeur tout au long de la journée a aussi maintes fois déclaré que son engagement et son rôle de mère étaient, dans un sens, étroitement liés. « Tout ce que je fais est, d'une certaine façon, relié à elles. La loi pour protéger les enfants des violences sexuelles, sur le harcèlement de rue, la lutte pour l'égalité salariale et la représentation des femmes dans les conseils d'administration… Je travaille pour que le monde dans lequel elles vivent soit meilleur pour les femmes. Elles le comprennent et elles attendent d'ailleurs beaucoup de moi, parfois trop », observait-elle en mai 2018 dans les colonnes de *Madame Figaro*. À l'inverse, quand elles apprennent à la télévision qu'une femme ou une petite fille ont été victimes d'une tragédie… ou encore entendent parler des mariages forcés, ses filles se demandent si leur *wonder* maman aurait pu empêcher ça !

Mère poule assumée, cette dernière reconnaît par ailleurs avoir longtemps culpabilisé de ne pas être la perfection incarnée. Pendant des années, elle a paniqué à la seule idée de ne pas faire manger ses filles à heures fixes, s'est astreinte à leur donner le bain tous les jours… et ne jurait que par l'allaitement longue durée et le Babycook, cette espèce de robot cuiseur qui promet de cuire les aliments à la vapeur douce, préservant ainsi les vitamines et les minéraux essentiels aux enfants en bas âge. Du charabia pour certains, un devoir pour toutes les mères torturées par la peur de mal faire et qui se fixent des standards finalement inatteignables. À mesure que ses filles ont grandi, et à la suite des échanges qu'elle a eus avec d'autres femmes, Marlène Schiappa a appris toutefois à lâcher du lest et à éviter autant que possible de culpabiliser. Mais elle n'en reste pas moins une louve ultra-protectrice. Ainsi, quand son aînée dévale le toboggan d'un square, elle essaye systématiquement de faire rempart avec son corps pour qu'elle ne tombe pas. Et gare à celui ou celle qui s'aviserait de manquer de respect à sa progéniture !

Un poil susceptible (et paranoïaque) sur le sujet, elle peut facilement sortir de ses gonds, le couteau entre les dents. Comme ce jour, au jardin du Luxembourg, où l'une de ses petites joue avec un garçon de son âge. « De loin, j'avais l'impression qu'il était en train de lui crier dessus, alors je me suis levée d'un bond, j'ai foncé droit sur lui et hurlé d'un air menaçant : “Toi, tu ne lui parles pas comme ça, tu as bien compris ?” Sauf que j'avais tout faux. “On était juste en train de jouer”, s'énerve ma fille… qui m'en parle encore aujourd'hui ! » Si un événement tourne en la défaveur de l'une de ses enfants, à l'école, et qu'elle a un sentiment d'injustice, elle saisit le carnet de correspondance sur-le-champ et sollicite un rendez-vous avec le proviseur pour la défendre. À tel point que ses filles en sont venues à redouter de lui faire part des difficultés qu'elles peuvent y rencontrer. « Souvent elles me disent : “Bon, on te raconte et tu promets que tu n'en fais pas un drame ?” J'accepte, mais, en général, je fais un drame et j'appelle direct le proviseur !

Je ne supporte pas que quelqu'un s'en prenne à elles, c'est plus fort que moi... » La ministre reconnaît également avoir un œil plus qu'avisé sur leurs fréquentations et leurs résultats scolaires.

Les amis invités à la maison ne passent pas au détecteur de mensonges... mais Marlène prend grand soin de s'entretenir avec eux pour se faire une idée. Quant aux devoirs, là non plus, hors de question de les déléguer à une nounou ou à un professeur particulier. Chaque jour, ses filles savent que leur mère va inspecter les carnets pour s'assurer que tout a été fait, et bien fait ! « J'ai un instinct protecteur tel... que c'est un peu comme si j'essayais de compenser quelque chose. Je pense que cela tient au fait que je n'ai pas eu ma mère à mes côtés entre mon adolescence et l'âge adulte. Comme plein d'enfants ayant vécu dans un schéma compliqué, j'essaye de ne pas reproduire les mêmes erreurs », analyse-t-elle.

Mais au rayon angoisse maternelle, les ennuis ne font peut-être que commencer. Sa grande fille a en effet été approchée pour faire du mannequinat. Marlène lui avait promis d'y réfléchir quand elle atteindrait les quatorze ans... une bougie qu'elle vient de souffler ! Or être une mère louve ne consiste pas seulement à faire preuve d'une grande vigilance, il faut aussi aider à grandir et s'émanciper. Cette anecdote dont se souvient son amie Assia Benziane prouve combien Marlène essaie surtout de transmettre à ses enfants un maximum d'amour : « Quand son aînée était encore à l'école primaire, Marlène était tellement contente d'aller la chercher qu'elle s'y rendait en ayant toujours une attention à lui offrir ! Je m'étais dit que c'était une super maman... »

14

À bonne école

Apprendre, on peut dire que Marlène Schiappa a ça dans le sang ! Fille d'un professeur d'histoire et d'une institutrice devenue proviseure, elle aurait de toute façon eu bien du mal à ne pas, enfant au moins, apprendre ses leçons. D'autant que sa grand-mère, ses oncles et ses tantes travaillaient également dans l'enseignement. « Cela inculque certaines valeurs, évidemment. Chez nous, l'école était sacrée, faire ses devoirs, important. Les profs avaient toujours raison », confiait-elle ainsi en juillet 2021 dans les colonnes du *Point*.

Même si son père fut, dans un premier temps, employé de la CAF, elle a toujours baigné dans l'univers de l'enseignement. Sa mère, Catherine, s'implique énormément dans la scolarité de sa fille. Peut-être même parfois un peu trop… comme lorsque, à la rentrée des classes de sixième, elle téléphone carrément à l'établissement pour s'assurer que la petite est assise au premier rang ! L'enfant ayant étudié dans l'école primaire où sa mère enseignait, ceci explique peut-être cela : sa maman s'était certainement habituée à l'avoir à l'œil… Jean-Marc, lui, n'est pas moins exigeant. Quand, le week-end, elle a visité un musée en sa compagnie, sa fille doit aussitôt rédiger une rédaction le racontant, de retour à la maison ! Une vie précocement studieuse donc, que la ministre ne regrette pas une seconde : « Gamine, je passais des heures à mon bureau, à écrire et à refaire des exercices. J'y restais chaque jour de 16 h 30 à 19 heures. »

Comme nous l'avons déjà évoqué, le père de Marlène Schiappa était trotskiste, militant engagé du mouvement ouvrier. Un homme pour qui discussion et réflexion sont essentielles. « Nous débattions constamment et n'avions pas le droit de ne pas avoir d'avis. Nous devions argumenter sans cesse », se souvient-elle, louant cette exigence qui l'a poussée dans ses retranchements. En classe, si elle récolte une note médiocre, elle ne peut se cacher derrière la malchance ou la difficulté. Pour son père, il s'agit forcément de mauvaise volonté. Voilà qui impose de bosser.

Au-delà de sa propre soif d'apprendre, de son goût pour la lecture, le travail, et d'un esprit de bâtisseuse, la petite Marlène a un potentiel hors norme. C'est une chose de l'observer, mais une autre de le savoir. Au détour d'une consultation scolaire de routine, la psychologue suggère à sa maman de faire pratiquer quelques tests, soupçonnant une manière de travailler inhabituelle. Plus précisément, elle la pense HPI (haut potentiel intellectuel), ce qui correspond à une intelligence cognitive supérieure à la moyenne avec, notamment, un quotient intellectuel très élevé. Ce fonctionnement neurologique, qui diffère de celui des personnes dites normales, peut même se voir à travers des techniques d'imagerie cérébrale comme les IRM. Le diagnostic établi, l'intéressée, qui doute de cette catégorisation, fait avec, comme plusieurs autres membres de sa famille bénéficiant de ce potentiel si particulier. De là à le revendiquer ensuite, et surtout aujourd'hui…

Ce que la ministre avoue en revanche, c'est l'hypermnésie. Une chanson qu'elle écoute, un texte qu'elle lit pour la première fois seront immédiatement enregistrés par son cerveau, et elle est capable de les chanter ou réciter, par cœur, même plusieurs semaines plus tard. Elle assimile ce qu'on lui dit à la virgule près, et se souvient du jour précis où on le lui a déclaré. « Ça peut être un enfer pour notre entourage, mais pour nous, c'est très pratique », s'amuse sa cousine. Étonnamment, sa mémoire des chiffres, elle, est défaillante. Au point qu'elle en est réduite à les écrire sur son bras pour les énoncer lors d'une conférence au cours de laquelle elle doit les utiliser. « La ministre peut vous citer de tête les mots précis que vous aviez écrits dans un article il y a cinq ans, en revanche pour les chiffres, nous devons toujours lui donner une fiche », témoigne un ancien conseiller.

Si une personne diagnostiquée HPI peut être considérée comme surdouée, voire comme ayant du génie, elle peut aussi se sentir différente, parfois au point de se marginaliser. Ses capacités intellectuelles, sa réactivité, son hypersensibilité, sa réflexion et de nombreux autres paramètres créent un décalage qu'il convient de maîtriser en temps voulu. Juliette Speranza, amie du couple et auteure d'un livre sur les surdoués et l'école, le décrypte. La neurodiversité, ce n'est pas seulement une personne qui va réussir à compter les cotons-tiges tombés par terre, mais une immense sensibilité, une grande empathie, une mémoire et une manière de raisonner différentes. Les personnes atypiques, zèbres ou HPI ont une intuition développée qui leur permet de raisonner très vite.

« Ah ça, la patience n'est pas sa qualité première », confirme en souriant un collègue du gouvernement qu'elle a souvent houspillé pour sa supposée lenteur. «Mais c'est vrai qu'elle peut vous ressortir vos propres déclarations de l'année précédente au mot près.» Durant l'adolescence, Marlène a décidé de sécher les cours qui ne l'intéressaient pas pendant une période. Ensuite, pour être affectée à un bon lycée, elle a pris des options. Allemand, anglais, latin, russe, sciences économiques et sociales... avec ce paquet, direction l'établissement Claude-Bernard du 16e arrondissement de Paris. Là-bas, des professeurs ont continué à veiller sur elle. «Les profs ont toujours adoré Marlène, même quand elle était insolente ou dissipée, et même quand elle avait de mauvaises notes comme en mathématiques, se souvient une ancienne camarade toujours en contact avec elle. Je ne saurais vous dire pourquoi; elle n'était pas première de la classe, mais ils avaient comme une irrésistible envie de l'aider. Peut-être justement sa repartie... Un jour en français, elle a récité par cœur le poème "El Desdichado" de Gérard de Nerval. En histoire, elle a tenu tête au prof sur la définition d'une frontière. C'était lunaire, mais ils avaient l'air d'apprécier!» Son professeur qui surveillait les épreuves du bac l'a conseillée sur le sujet à choisir. Sa professeure d'anglais lui a donné des cours en plus, gratuitement. Celle de français l'a entraînée à l'oral de littérature en lui disant : «Mettez un chemisier blanc, vos lunettes, et dites monsieur ou madame à chaque fin de phrase, c'est déjà trois points en plus. Et sortez une citation, n'importe laquelle!» Résultat, son 4/20 en mathématiques a été compensé par un beau 16/20 en littérature et des notes brillantes en langues vivantes et en philosophie. Seul le professeur d'EPS n'a pas semblé conquis, il a en effet noté sur son bulletin scolaire : «Vue deux fois.»

Cédric, son époux, HPI lui aussi, a sauté deux classes avant d'en redoubler une plus tard, victime d'un système inadapté à son propre profil. La réussite des personnes diagnostiquées n'est donc pas gravée dans le marbre au départ. Loin de là même. D'où l'importance du travail et de la régularité.

Marlène Schiappa ne le sait que trop bien. Et l'exigence dont ont fait preuve ses parents, elle s'applique depuis leur naissance à la transmettre à ses deux filles : « Ma fille aînée n'a pas eu le choix, elle étudie le latin et elle commencera le grec l'an prochain. » Derrière son côté cool et son langage décontracté, la ministre déléguée chargée de la Citoyenneté assume d'être un brin réac sur ces sujets... et revendique même d'être favorable au retour de la blouse ! Son intransigeance ne tombe pas du ciel, et fait écho à sa propre histoire. « Je dis toujours à mes filles : "Vous ne possédez rien. Ni argent ni réseaux. Rien à part votre capacité de travail. C'est ce qui vous sauvera." » Deux demoiselles à bonne école.

15

Une amie (pas) comme les autres…

Comprendre la vie de Marlène Schiappa, c'est surtout comprendre l'importance de son environnement. Sa famille, son engagement, son rôle au sein du gouvernement, mais aussi celle dont elle indissociable depuis de nombreuses années… sa bande de copines. Un groupe d'une dizaine de filles, dont le noyau dur est composé de cinq inséparables : Anaïs, Muriel, Goretty, Assia, et Marlène.

Elles ont pour premier point commun de s'être rencontrées à travers les diverses actions et engagements de l'actuelle ministre, lorsqu'elle était aux commandes de son blog Maman travaille. « Marlène est intellectuellement très brillante, mais ça ne l'empêche pas de s'amuser, voire de se déchaîner comme toutes les nanas de son âge », confie Goretty, l'une des inséparables. Au fil du temps, une véritable amitié s'est tissée entre elles toutes, au point aujourd'hui qu'elles ne passent pratiquement pas une journée sans échanger. « Pour ça, on a créé un groupe WhatsApp dont le nom change chaque semaine », raconte Marlène. Après s'être appelé Les L5, en référence au groupe formé par les gagnantes de l'émission *Popstars* (M6), en 2001, ou très sobrement Les Meufs, ce groupe a il n'y a pas longtemps été rebaptisé Femmes Politiques Being Too Much. « Parce que l'on est toutes *too much*, s'amuse la ministre. Il y en a une qui a les cheveux rouges et qui est tatouée de la tête aux pieds alors qu'elle est directrice d'une crèche. L'autre qui est l'exubérance née, une qui est musulmane très pratiquante mais qui porte des minijupes et des décolletés, et enfin la dernière qui a toujours une couronne de fleurs sur la tête. » Autant dire que ce groupe de discussion permet… toutes les discussions ! La bande se raconte tout, sur tout. Ça papote boulot, enfants, mode, cuisine, people, mais aussi (et surtout) … mecs et sexe ! Si par exemple l'une est en plein dilemme avec son compagnon (ou un courtisan), elle n'hésite pas à balancer les captures d'écran de leurs échanges sur le fil WhatsApp, afin que les quatre autres se triturent les méninges pour préparer la meilleure réponse possible ! Un vrai travail d'équipe. « Il n'y a aucun tabou », confie Marlène Schiappa. Si, sur leurs propres comptes Instagram, toutes s'appliquent à ne poster que des photos sur lesquelles elles s'estiment mises en valeur, entre elles, les clichés qui circulent sont bien moins glamour et beaucoup plus fun : « On fait des concours de photos où l'on doit être le plus moches possible avec les selfies les plus atroces… Et après on compare avec celles qu'on poste sur les réseaux. C'est vraiment très drôle. »

Si la ministre est une amie comme les autres, c'est aussi parce qu'elle assume son côté midinette. Elle dévore la presse people et se montre incollable sur les couples stars qui se forment et se déforment… Quand Jennifer Lopez et Ben Affleck se remettent ensemble, dix-sept ans après leur rupture, ça fait sa journée ! Le premier bisou, le resto, les vacances… elle suit toute l'histoire de A à Z ! « Pour ma génération, c'était un peu le premier *power* couple de stars ! Et leur histoire donne de l'espoir aux femmes. Pour une fois que le mec ne choisit pas une nana de vingt-cinq ans… mais une de cinquante-deux ans, ça fait du bien ! Alors, OK, c'est J-Lo, mais quand même… Dans le fond on a toutes un peu le fantasme de retrouver notre premier amour », s'amuse-t-elle. Ensemble, les cinq copines débattent des derniers potins, analysent les déboires de Britney Spears, prennent parti dès qu'il est question de royauté anglaise, avec les pro-Kate Middleton et les pro-Meghan Markle, et suivent de très près la guerre autour de l'héritage de Johnny… Un point sur lequel elles sont loin d'être d'accord ! « Sur notre groupe WhatsApp, pendant une période, on avait même une team Laetitia, et une team David et Laura. Notre génération a grandi avec les enfants de Johnny. C'est comme s'ils faisaient un peu partie de la famille », raconte Marlène.

Quand la bande se retrouve, c'est aussi (et surtout) pour pousser la chansonnette ! Sa sœur Carla précise au passage que, même si elle n'a jamais bu et jamais fumé, Marlène est en général la première à faire la fête : « Si vous mettez de la musique, il est quasi impossible qu'elle ne se décide pas à danser ! » Et qu'un micro traîne ou pas, il est rare qu'un apéro ou un dîner ne se termine sans que les cinq jouent les pop stars. C'est Assia Benziane, trente-deux ans, que Marlène a connue en 2010 lors des états généraux de la femme du magazine *Elle*, qui vend la mèche : « Lorsqu'on se retrouve, on se fait un karaoké. Et l'une des chansons qui revient tout le temps, c'est : "Toutes les femmes de ta vie", des L5. On adore ce qui est années 1990. Marlène est l'une de celles qui chantent le mieux d'entre nous… et aussi celle qui chante le plus ! » Celle qui fut la plus jeune élue de France, à Fontenay-sous-Bois dévoile également un détail cocasse. À savoir que Marlène Schiappa a la particularité de quitter ses propres soirées ! « Il faut qu'elle s'endorme avant minuit, sourit-elle. Donc, très souvent, même si on est chez elle, alors que la fête bat son plein et que tout le monde s'amuse… elle disparaît ! Elle a encore fait le coup récemment, à son propre anniversaire. Comme on est habituées, on ne le prend pas mal. » D'autant que leur complice n'exige pas qu'elles baissent la musique ou parlent moins fort… non, elle préfère s'éclipser discrètement.

Toutes les cinq partagent donc des moments simples, aux antipodes des dîners guindés que d'aucuns pourraient imaginer. Comme cette finale de la Coupe du monde, en 2018, où elles se sont donné rendez-vous chez Marlène Schiappa pour soutenir les Bleus contre la Croatie, ensemble. « Elle arrive, comme d'habitude enlève son costume de ministre, et, en cinq minutes, on se retrouve à cuisiner et à rigoler avant de regarder le match entre nanas », se souvient Assia.

Ceux qui la connaissent depuis longtemps s'accordent à dire que la ministre n'est pas une amie comme les autres. Ils louent sa loyauté, sa bienveillance aussi, le fait qu'elle n'écrase personne en raison de son statut officiel. Une retenue et des qualités qui lui ont permis de garder le précieux groupe d'amis qu'elle et son mari se sont constitué lorsqu'ils habitaient au Mans. Et plus particulièrement trois couples que Cédric et elles ont plaisir à retrouver à chaque fois qu'ils s'y rendent. Les huit se sont créé un fil de discussion Messenger baptisé La Brunch Team, sur lesquels ils échangent beaucoup.

Parmi ses membres, Alexandre et Géraldine, que Marlène a rencontrés en 2012 lorsqu'elle tenait les commandes de son blog. Géraldine dirige un projet d'association consacrée aux personnes âgées et est, à l'époque, en plein combat pour devenir maman, rêve qu'elle réalisera trois ans plus tard en mettant au monde des jumeaux. Sur ces bases, des liens solides se tissent entre elles. « Nous avons un rituel, c'est le brunch, raconte-t-elle. Malgré le fait qu'elle ait été nommée ministre, il continue. Et c'est souvent elle qui en est l'instigatrice ! » Aux yeux de cette bande, comme à ceux d'autres personnes, depuis qu'elle est devenue connue puis qu'elle s'est installée sous les ors de la République, Marlène Schiappa n'a pas changé. Malgré un emploi du temps parfois militaire, elle dégage quelques créneaux pour profiter de ceux qu'elle aime. Et n'a en aucune manière tourné le dos à sa vie d'avant, celle qu'elle menait au Mans, avec sa famille et ses amis d'alors. De fait, elle a gardé la maison dans laquelle elle vivait avant de s'installer à Paris, et continue d'en prendre soin en l'aménageant et la décorant régulièrement. « Et j'adore, confirme-t-elle. L'été dernier, par exemple, nous avons repeint les murs de la cour en blanc et bleu avec des liserés rouge foncé, dans l'esprit du jardin de Frida Kahlo. »

Le Mans, ville d'environ 140 000 habitants, est resté l'un de ses fiefs. Avec Paris bien sûr, puisqu'elle y vit, et la Corse, pour ses origines. Depuis qu'elle est entrée au gouvernement, son périple estival est presque toujours le même. D'abord un passage au Mans, pour profiter des siens, puis une longue période sur l'Île de beauté, avant de refaire un crochet par la Sarthe, si possible, lors du retour à Paris. La Brunch Team reste sacrée. Les quatre maris sont amis, les enfants de chaque couple jouent ensemble, une vraie bande, en somme. C'est grâce à ce groupe qu'elle ne devient pas hors-sol et reste connectée au réel. Ce qui fait le sel du personnage et ce que tient à souligner Géraldine. « Lorsqu'elle vient bruncher, Marlène est comme avant. Son téléphone ne quitte pas sa main, certes, mais elle est avec nous avant tout. Quand elle nous reçoit, elle continue d'y mettre tout son cœur et n'est pas du genre à appeler un traiteur. Elle prépare elle-même tartes, quiches, salades. Presque rien n'a changé.» Et lorsqu'elle est conviée à l'anniversaire déguisé d'un enfant de ses amis... elle ne se cache pas derrière son portefeuille officiel. «La fois où elle est arrivée déguisée en chat, il avait beau y avoir plusieurs gardes du corps devant la maison, à l'intérieur, elle n'était plus ministre.» Une fois que la fête commence, elle enchaîne les blagues et, surtout, régale avec des imitations. «Et elle est très forte! dit l'un. Je ne peux citer de noms pour ne pas la mettre dans l'embarras... mais elle adore imiter les hommes et les femmes politiques qui l'entourent. Ça nous fait beaucoup rire.» Pour plusieurs amis, son talent de repartie qui fait marque en politique provient à coup sûr de son sens de l'humour désarmant. Un vrai sniper de la blague, paraît-il.

Mais ce que loue Géraldine va au-delà d'un naturel qu'elle aurait conservé. Non, à ses yeux, Marlène Schiappa, c'est plus que ça. En 2017, celle qui élève alors des jumeaux d'à peine trois ans fait une grave dépression. Un burn-out lié à son travail mais aussi, certainement, au long combat qu'elle a mené pour réussir à tomber enceinte, conjugué à la fatigue liée à sa (double) maternité. Elle s'épuise. Alors qu'elle vient d'être intronisée dans le premier gouvernement d'Édouard Philippe, Marlène a vent de son état et lui téléphone aussitôt. Dès les premiers échanges, elle sent Géraldine au fond du trou. «Ça faisait quinze jours qu'elle avait été nommée, mais tout de suite, elle m'a proposé de descendre au Mans le week-end suivant et de prendre les jumeaux quelques jours pour que je me repose. Malgré les responsabilités qui étaient les siennes, elle n'a pas hésité une seconde. Ça m'a énormément touchée...» se souvient-elle.

Même son de cloche d'Alexandre Dimeck-Ghione, l'un de ses plus proches conseillers et amis. Tombé très malade alors que Marlène Schiappa était déjà en fonction ministérielle, il assure avoir pu compter sur le soutien de celle qu'il avait rencontrée au Mans quelques années auparavant : « Elle est venue me voir. Elle était là... Pour ses proches, elle sait se mobiliser. Et si elle ne peut venir physiquement, elle envoie des messages, s'assure que tout se passe bien, que l'on ne manque de rien. C'est ça, l'amitié... »

Marlène n'est pas non plus de nature à prendre la poudre d'escampette quand vient le temps des tempêtes pour ceux qu'elle apprécie. Les amis qu'elle s'est faits dans la jungle politique soulignent son extrême loyauté. Une qualité qu'a pu apprécier Benjamin Griveaux lors du tsunami qu'il a dû affronter, en février 2020. Alors candidat à la mairie de Paris, l'ancien secrétaire d'État et porte-parole du gouvernement est l'un des hommes forts de La République en marche (LREM). L'un de ceux à qui l'on promet un brillant avenir... Mais son destin bascule lorsque des échanges de messages et de vidéos érotiques avec une étudiante le mettant en scène sont divulgués par un artiste contestataire russe. Les réseaux sociaux s'emballent, la machine médiatique carbure à plein régime... et il retire sa candidature dès le lendemain. Griveaux quitte rapidement la vie politique et affirme, encore aujourd'hui, qu'il n'y reviendra pas.

Au-delà du traumatisme, qu'il semble avoir digéré, il n'a jamais oublié les paroles de celles et de ceux qui ne l'ont pas lâché, Marlène Schiappa en tête : « Elle était déjà une amie dans l'aventure politique qui était la nôtre, et l'est devenue plus encore après cet événement. Car elle a été la première à m'apporter son soutien publiquement. Elle l'a fait sans stratégie, sans arrière-pensée. Cela ne s'oublie pas… » Quand elle évoque cette affaire, celle qui était alors candidate en deuxième position sur la liste LREM du 14e arrondissement affiche un point de vue qui pourrait surprendre. En tout cas pour ceux qui la voient et la décrivent comme une féministe radicale irréfléchie : « Ce qui est arrivé à Benjamin est le reflet d'un problème de société, dit-elle. Celui de la perception que les gens peuvent avoir des questions de sexualité. Ce qui est arrivé relève de sa vie privée… Car de quoi parle-t-on ? Juste d'un homme qui envoie une vidéo à une femme consentante. Point. Et, par ailleurs, il a une femme très intelligente, en mesure de comprendre que ce qui s'est passé est anecdotique. »

Cette femme, c'est Julia Minkowski. L'avocate de Marlène depuis plusieurs années. Elle aussi retient l'attitude de la secrétaire d'État. « Elle nous a vraiment soutenus. Mais ça ne m'a pas surprise car Benjamin et elle sont vraiment très amis. Je n'en attendais donc pas moins d'elle », confie la femme de loi. Pour conclure le sujet – et pour dédramatiser –, la ministre rappelle un détail qui est loin d'en être un : « Je pense que l'on peut trouver des trucs préjudiciables dans le téléphone de n'importe qui. Moi, je n'ai pas de choses de cette nature, mais si on me volait le mien, je peux vous dire que je serais bien embêtée ! »

Marlène est donc une amie d'une grande fidélité. Encore aujourd'hui, elle n'oublie jamais de fêter l'anniversaire de ses copines de lycée ! Et demeure proche du collègue que Cédric et elle avaient en commun lors de leur rencontre. Une amie précieuse, donc, mais qui prévient : « Je déteste que l'on me fasse les choses à l'envers. Je suis corse… et en Corse, la parole donnée est essentielle. Si je ne tenais pas la mienne, ne serait-ce qu'une fois, je ne pourrais plus jamais me regarder dans une glace. » À bon entendeur.

Ses conseillers du ministère sont aussi devenus des amis, qui organisent des fêtes surprises pour les anniversaires des uns et des autres, et qui s'offrent des cadeaux ! Au point d'être devenus une vraie petite bande. Marlène les invite d'ailleurs régulièrement chez elle pour manger du tiramisu, écouter de la musique, ou encore faire des jeux de société en équipe (comme le Burger Quiz) et même des blind tests ! Quand le président de la République passe à la télé, la tradition entre eux est de se réunir autour d'un dîner pour une *support party* – une fête de soutien. « J'ai la chance d'avoir eu des gens exceptionnels dans mon cabinet dont beaucoup sont restés des amis. Si j'ai réussi des choses, c'est aussi grâce à leur travail et à leur dévouement », reconnaît la ministre.

16

La politique, son mentor, et les jaloux…

Sur le papier, l'engagement politique de Marlène Schiappa a réellement commencé l'année de ses trente-deux ans. Mais remontons le magnéto pour découvrir qu'elle est candidate la première fois à une élection alors qu'elle en a dix-huit ! La lycéenne parisienne, qui représente une association pour la démocratie locale et les services publics ancrée à gauche, se présente au scrutin municipal du 14e arrondissement. Revendications ? Préserver la gynécologie médicale dans le quartier et permettre aux citoyens de contribuer davantage aux décisions prises par Yves Cochet, le maire écologiste de l'arrondissement. La liste fait un score minuscule : 2 % … « Encore aujourd'hui, on se demande qui a voté pour nous », plaisante un colistier d'alors.

Son père, comme tous ceux qui la connaissent depuis longtemps, dirait que cette vocation est née, en vérité, il y a longtemps. Que, de la distribution de tracts sur les marchés quand elle était enfant à certaines de ses publications, en passant par la création de Maman travaille… la fibre politique a toujours été ancrée en elle. Directrice d'une agence de production web, ne crée-t-elle pas Politicia, un blog hébergé par Yahoo ! où s'expriment

Nora Berra, secrétaire d'État de l'époque, ou Rachida Dati et Raquel Garrido, alors peu connue? Avec pour but de faire parler les femmes politiques – déjà! Force est de reconnaître qu'une grande part de ce qu'elle réalise aujourd'hui est très tôt en gestation. Reste que c'est bien en s'installant dans la Sarthe que le destin l'amène à saisir… les bonnes opportunités. Revenons donc à mars 2014, lorsqu'elle se trouve sur la liste d'union de la gauche emmenée par le maire du Mans, Jean-Claude Boulard, aux municipales.

Déménager au Mans, une belle idée. Mais, peu à peu, un sentiment de solitude s'installe chez Marlène Schiappa, qui n'est pas étranger à la tournure que vont prendre les événements. Pour partir, son mari a en effet dû faire un compromis majeur. Cédric a gardé son travail en région parisienne, donc perd un temps fou dans les transports matin et soir. Il part très tôt, rentre très tard, avec toute la fatigue que cela implique. Aussi, au lieu de rester les bras croisés dans sa grande maison, à subir la distance et les désaccords que la situation établit alors entre eux, Marlène choisit, à nouveau, de prendre son destin en main. Seule avec ses enfants du matin au soir, elle essaye d'enrichir le peu de temps qu'elle a pour elle. Et, sans le vouloir, va se rapprocher de la municipalité. Une opportunité qu'elle doit à Brigitte Glon, attachée de presse de la mairie, et à Patricia Di Martino, alors directrice de cabinet du premier édile, Jean-Claude Boulard depuis une trentaine d'années. On peut clairement écrire que c'est elle qui, la première, a bouleversé le cours de la vie de la future ministre…

Nous sommes en janvier 2014. Comme tous les samedis, la diplômée en droit feuillette le magazine *Elle*, où un article attire son attention. Celui consacré à une jeune femme qui vient de se voir attribuer le prix du blog de l'année, une certaine Marlène Bruguière-Schiappa... «Elle expliquait qu'elle venait de s'installer au Mans, en achetant une maison près de la gare avec son mari, se souvient-elle. Elle disait se sentir très bien dans cette ville, mais une phrase m'a marquée : elle ajoutait : "Comble de bonheur, le maire est socialiste!" Et d'expliquer dans le papier avoir des valeurs de gauche et être heureuse d'avoir choisi cette nouvelle ville aussi pour cela. Je me suis tout de suite dit que l'on tenait là quelqu'un d'intéressant... » La semaine suivante, Patricia Di Martino présente l'article au maire en lui suggérant de rencontrer la nouvelle administrée. Il accepte, rendez-vous est pris.

Le jour J, Marlène débarque, comme souvent habillée en noir de la tête aux pieds, avec ses deux petites filles, dont l'une en poussette rose. «Pour un premier entretien avec l'homme le plus important de la ville, il faut avouer que c'était original, poursuit Patricia. On a tout de suite compris avoir affaire à un personnage atypique.» Ce rendez-vous est un échec. Jean-Claude Boulard, préoccupé par le dépôt de bilan du club de football local, n'accorde pratiquement aucune attention à Marlène, qui semble s'en moquer. Gênées par ce mauvais timing, Patricia Di Martino et Brigitte Glon, chargées des relations presse de l'hôtel de ville, l'invitent à poursuivre la rencontre avec elles. L'intéressée ne prend pas ombrage de la situation et accepte. Une chance, le courant passe... Intriguée par cette jeune blogueuse dynamique, Patricia est sous le charme : «J'ai découvert une jeune femme très moderne, que j'aimais entendre dire autant de bien de notre ville. La discussion était très agréable. Nous avons vraiment accroché... »

Autre coup de chance, la réunion ne tombe pas à n'importe quel moment : elle arrive à la période où le maire prépare ses listes en vue des municipales. D'ailleurs, tiens ! Plusieurs femmes viennent de partir, enterrant l'accord entre le micro-parti progressiste et le parti socialiste ; il existe donc des places à pourvoir. D'autant qu'il y a urgence : tout doit être bouclé dans quelques semaines. Persuadée d'avoir flairé un talent brut à ne pas laisser filer, Patricia s'efforce de convaincre le maire. Et d'insister sur le profil séduisant de la nouvelle habitante. Et d'énumérer qu'elle est jeune, intelligente, jolie, fraîche, et possède la maîtrise du digital qui manque cruellement aux équipes. « Donnez-lui une seconde chance ! » plaide-t-elle. « OK, fixe-lui un nouveau rendez-vous », lâche l'élu, du bout des lèvres. Une décision qu'il ne va pas regretter.

Au rendez-vous, cette fois, il est séduit. Selon Géraldine, l'une des meilleures amies de Marlène, ces deux-là étaient faits pour se rencontrer : « Jean-Claude Boulard était très sensible aux droits des femmes. Avec une personnalité atypique comme Marlène, ça ne pouvait que matcher entre eux. » Aux yeux de l'ancien diplômé de Sciences Po, énarque, anthropologue de formation, conseiller d'État honoraire, ex-directeur de cabinet de Michel Rocard, élu dans la Sarthe depuis plus de quarante ans et maire du Mans depuis 2001, la recrue coche toutes les cases. Elle n'appartient pas au sérail, certes, mais au moins casse les codes. Dans sa façon de parler, de bouger, d'exprimer ses idées… elle possède une fraîcheur, un enthousiasme, une décontraction et une spontanéité aussi qui lui plaisent. « On peut parler de coup de foudre réciproque durant ce rendez-vous, insiste Patricia. Ensuite, ils se sont revus à plusieurs reprises. »

Pour le troisième mandat du briscard du PS, son équipe a besoin d'être renforcée par une personnalité différente, ayant la culture du blog, du Web en général, une maîtrise du réseau social naissant. Les entrevues se multiplient et débouchent sur une proposition concrète. Jean-Claude Boulard invite officiellement Marlène Schiappa à faire partie de l'aventure des municipales qui approchent… mais celle-ci refuse poliment. En expliquant ne rien y connaître… « Vous allez apprendre ! » répond l'édile, déterminé à l'enrôler. « Elle s'est finalement laissé tenter. Et on a tous été bluffés par la vitesse avec laquelle elle a démarré, abattant un travail monumental. Les tractages, les déplacements, les échanges avec les uns et les autres… son investissement était total. À tel point que sa vie personnelle en a pâti », se souvient Patricia.

Aux dires de nombre de personnes en contact avec elle durant cette campagne, la recrue irradiait. Chacun se souvient du manteau rose bonbon qu'elle ne quittait jamais, peut-être par superstition. « Quand elle entrait dans une pièce, on ne voyait qu'elle, souligne Patricia. Elle avait la faculté, le pouvoir, même, de capter l'attention. De fasciner… » Les journalistes n'y coupent pas. Un premier portrait d'elle, publié dans *Le Maine libre*, fait l'éloge de la nouvelle venue.

À la fin de la campagne – victorieuse –, Jean-Claude Boulard lui propose un poste. Et pas n'importe lequel : celui d'adjointe au maire. Marlène accepte à condition d'être chargée de l'égalité – déjà ! Sauf que cette délégation n'existe pas au Mans ! Le maire va donc la créer, pour elle…

Est-ce à dire que cette montée en grâce fulgurante a été tapissée de rose ? Non, évidemment. Celle qui est alors appelée « la blogueuse » ne fait pas l'unanimité. Loin de là, même… Son ami et conseiller Alexandre Dimeck-Ghione, déjà à ses côtés, se souvient par exemple du dernier meeting de la campagne. Notamment du moment où le maire lui annonce qu'elle va intervenir devant une assemblée loin d'être acquise à sa cause quinze minutes avant de monter sur scène ! Un défi qu'elle relève sans sourciller, en écrivant le discours au dos d'un ticket de caisse qui traînait dans sa poche : « Tout le monde l'attendait au tournant, raconte-t-il. On la raillait comme la Parisienne qui vient d'arriver, et à qui le maire fait une confiance trop totale. Les jalousies étaient terribles. Face à elle, ce jour-là, le scepticisme était à son comble. Mais dès sa prise de parole, les regards se sont mis à changer. Marlène a commencé son discours devant des militants communistes et socialistes sur le thème : vous êtes une ville de gauche, voilà ce que ça signifie ; des tarifs sociaux dans les cantines, l'accueil des réfugiés syriens, des événements culturels, c'est ça, une ville de gauche ! Telle une chauffeuse de salle, mais avec du fond, elle a évoqué Marx et Nietzsche, a créé un élan de camaraderie incroyable. Ça s'est terminé par une *standing ovation*. »

Être propulsée à un tel niveau de responsabilités moins d'un an après avoir emménagé au Mans, et sans avoir réellement fait de politique auparavant, est à la limite du chemin de croix. Si le maire a la réputation de ne pas choisir que des encartés et d'accorder leur chance à des personnes issues de la société civile, aux yeux de beaucoup, avec Marlène Schiappa, il dépasse les bornes. « Certaines personnes étaient là depuis trente ans… et moi, j'avais pris la place dont elles rêvaient en à peine quelques mois », reconnaît aujourd'hui l'intéressée pour expliquer l'adversité.

Lorsque les premières tensions apparaissent, des réflexions type surgissent. « C'est qui, la grosse en noir ? » fuse parfois dans les couloirs de la mairie. « Elle est arrivée comme un éléphant dans un magasin de porcelaine, se souvient un ancien élu non reconduit, et n'a absolument pas ménagé ceux qui étaient présents depuis des années. » Et quand, lors de la première photo de famille des élus, elle apparaît vêtue d'une robe-pull H&M et de collants opaques, qui plus est accompagnée de ses deux filles... certains se mordent les joues ! Un article publié dans *L'Express* en juin 2017, intitulé « Marlène Schiappa, la fausse ingénue », est revenu sur le tsunami provoqué par son arrivée au Mans, soulignant qu'elle avait hérité d'un poste prestigieux là où certains socialistes plus capés se contentaient d'un strapontin au conseil municipal... ce qui avait été mal vécu, notant qu'elle méprisait les codes tacites et sclérosés de la politique locale, sympathisant avec des élus d'autres partis quand cela ne se pratiquait gère.

Autre reproche – déjà ? –, son aptitude à assurer sa propre communication. « Elle était macroniste avant même que l'on ne parle de Macron, raille un adversaire local de gauche. Elle mettait en avant sa bienveillance et son empathie, se plaçait sur une perspective apolitique uniquement pour prendre le pouvoir. » En coulisse, d'autres recourent à des arguments douteux. Comme elle est jeune, sexy... les mauvaises langues y voient un rapport de cause à effet. « Tous les jours, j'apprenais que j'avais couché avec une nouvelle personne ! » confiera-t-elle un jour. Pour Patricia Di Martino, le sexisme n'avait rien à voir dans cette cabale, puisqu'elle croit savoir que le ragot ne provenait pas d'hommes... mais de femmes. « Certaines faisaient courir des rumeurs sur de prétendues liaisons, uniquement pour lui nuire. Les femmes entre elles peuvent être redoutables. Et avec Marlène, c'était la tolérance zéro ! Elle sortait du lot, son ascension gênait. Je pense qu'elle en a beaucoup souffert, même si elle ne le montrait pas... »

Beaucoup s'interrogent aussi sur le contraste entre l'image maladroite qu'ils considèrent qu'elle renvoie, et son habileté hors norme, doublée d'une aisance oratoire.

Et d'y voir une stratégie pour duper ceux qui pourraient lui faire ombrage. La misogynie ambiante n'aidant pas…

Or, si la nouvelle élue sait passer au large pour ne pas accorder d'importance aux rumeurs, elle sait aussi rendre les coups. Une aptitude au combat qui se révèle lorsqu'elle poursuit en justice un élu du Front national qui compare l'homosexualité à la zoophilie !

Quand elle songe à ses débuts, Marlène Schiappa n'a pas la même lecture des événements. Pour elle, il lui semblait essentiel de donner un coup de pied dans la fourmilière. « Je me suis *vraiment* engagée. C'est-à-dire que je n'étais pas juste une élue qui faisait ça en plus d'autre chose. De nombreux élus locaux ont un travail qui prend tout leur temps, en conséquence de quoi ils se contentent de passer à la mairie une fois de temps en temps pour récupérer leur courrier. Ce n'était pas mon cas… Moi, j'étais avec le maire tous les jours. »

Même si les matinées sont plutôt consacrées à la gestion de Maman travaille et à l'écriture, chaque jour, elle se rend à son bureau de l'hôtel de ville pour travailler ses dossiers. Avec les membres du cabinet, elle déjeune presque toujours au Café carré, situé dans le musée juste en face de la mairie. Quand il le peut, le maire les rejoint au café… Et pratiquement chaque après-midi, l'ancien baron socialiste autrefois proche de François Mitterrand emmène sa recrue dans ses déplacements. Parfois même au Sénat, où elle dépasse son rôle de simple élue en jouant celui de conseillère. Aux yeux de tous, elle devient l'éminence grise de Jean-Claude Boulard. « Si j'étais la seule à faire ça, c'est d'une part parce que cela m'intéressait, et d'autre part parce que j'étais la seule à qui il le proposait », argumente-t-elle. Il la fait même travailler avec lui sur certaines lois.

Jamais bridée, quand une idée lui vient, elle propose. Et souvent, il valide. Comme pour la célébration des soixante-dix ans du droit de vote des femmes, à laquelle elle invite soixante-dix femmes du Mans à partager un dîner avec le maire. Comme lorsqu'elle crée le salon « Le Mans pour toutes », imagine un concours destiné aux entrepreneuses, relance la Gay Pride ou invite des cinéastes renommés à des événements. En tant qu'« administratrice de l'agence de développement économique de la ville », elle monte des campagnes de communication chargées de promouvoir la cité, histoire de relancer son attractivité et, notamment, d'inciter des médecins à s'installer dans la Sarthe. Certains voient des « coups » plus qu'une action de fond à ces chantiers, mais malgré un budget plus que limité, force est de reconnaître que Marlène Schiappa détonne et que le maire est conquis.

D'autant qu'elle n'est pas du genre à tourner les talons quand il faut monter sur le ring. « Au moment des départementales, personne ne voulait se présenter sur son canton, historiquement de droite. Eh bien, elle a accepté d'être candidate et de faire campagne », raconte-t-on. Autrement dit, bien avant les régionales de 2021 en Île-de-France, elle prouve qu'elle est capable d'accepter un combat même s'il est (quasi) perdu d'avance. En binôme avec un certain Stéphane Chevet, syndicaliste de trente-neuf ans, elle se lance dans une campagne qu'ils baptisent « Le Mans cœur de Sarthe ».

Au-delà des enjeux électoraux, elle en profite – déjà, ou encore (c'est selon) – pour féminiser le débat. Elle s'interroge par exemple publiquement sur le fait qu'il n'y ait aucune politique sur les droits des femmes au conseil général. Elle se penche aussi sur le sort des assistantes maternelles en ville qui, contrairement à celles du milieu rural, n'ont pas de lieu pour se réunir. « La Parisienne », comme on la surnomme toujours en coulisse, y met tout son cœur et n'hésite pas à utiliser son savoir-faire 2.0 en œuvrant autant que possible sur les réseaux sociaux, comme Twitter et Facebook. Un procédé relativement nouveau à l'époque. Elle va même jusqu'à peopliser sa campagne grâce au soutien d'une vedette locale et ancienne star de *Loft Story* Steevy Boulay, et de l'animateur de *Danse avec les stars* Vincent Cerutti, Manceau lui aussi !

Battus au second tour par un binôme estampillé UMP (Union pour un mouvement populaire) – comme à chaque élection dans ce canton –, Marlène Schiappa et son acolyte récoltent un peu plus de 43 % des voix. Un tour de chauffe néanmoins convaincant. Pour quelqu'un qui, quelques mois plus tôt, travaillait dans son salon, l'ordinateur dans une main et un biberon dans l'autre, osons écrire que « ça a de la gueule ».

Si bien que, quand la fonction de conseiller chargé de l'attractivité économique se libère, Jean-Claude Boulard la fait désigner, en plus de son poste d'adjointe au maire. Elle est alors la seule élue à bénéficier d'une double délégation. Évidemment, à nouveau, certaines dents grincent à s'en faire sauter l'émail. « Elle avait la main dans le cerveau du maire, ça, c'est certain. Pourquoi ? Je me pose encore la question », peste un ex-élu local resté proche de la municipalité. Peut-être parce qu'elle apporte du neuf, fait de la politique autrement, modernise la prise de décision et la communication ? Peut-être parce que ses prédécesseurs ne peuvent pas tous afficher un tel bilan ?

Outre ce qui a déjà été cité, elle a également obtenu l'augmentation de la subvention locale accordée à une association de défense des femmes battues, créé une commission œuvrant pour que les noms de rue respectent la parité... Les responsables locales du planning familial et du Centre d'information sur les droits des femmes et des familles (CIDFF) se souviennent, de leur côté, d'une élue concernée, qui fait bouger les lignes.

Au fil de leur collaboration, une forme d'amitié se dessine entre Jean-Claude Boulard et sa protégée. « Nous aimions beaucoup parler de livres, se remémore Marlène. Lui-même aimait d'ailleurs écrire. Et j'avais le privilège de relire ses manuscrits pour lui donner mon avis avant qu'il ne les envoie à son éditeur. »

Puisqu'on parle de livre... impossible de ne pas évoquer la polémique née de celui qu'elle publie, en 2016, et intitulé *Marianne est déchaînée*[1]. À lui seul, le résumé du livre a interpellé : « Marianne raconte sans langue de bois, avec un humour mordant et un ton décomplexé, le parcours d'une élue exogène qui découvre et nous révèle, telle une envoyée spéciale, les coulisses d'une mairie qui pourrait être la vôtre... » Sauf qu'au fil des pages, les Manceaux ont des sueurs froides. L'ouvrage met en effet en scène une jolie brune de trente et un ans, fraîchement nommée adjointe à l'égalité de « Romans », une ville imaginaire, laquelle rapporte les mesquineries de bureau de ses collègues socialistes, qu'elle fait passer pour des feignants mégalomanes décidés à ne pas faire changer les choses. L'ennui, c'est que les exemples donnés et les situations décrites sont, aux yeux de certains, trop proches de la réalité... « On s'est sentis trahis. Elle me fait dire dans le livre des choses que je lui ai réellement dites dans la vraie vie. Je suppose qu'elle rentrait immédiatement à la maison pour tout écrire ! » dénonça un élu socialiste dans *L'Express*. L'hebdomadaire précisa que Marlène aurait expliqué avoir fait lire son manuscrit par le maire avant

1. Paris, Stock.

publication… ce que ce dernier refusa de confirmer publiquement !

Contrairement à ce que beaucoup ont pensé à l'époque, Jean-Claude Boulard n'a pas toujours ménagé sa recrue. Il se montrait même très exigeant avec elle. Pour la faire progresser, il pouvait ainsi la rappeler fermement à l'ordre quand il l'estimait hors des clous. Il l'obligeait à faire des permanences, lui demandait sans cesse combien de mariages elle avait célébré pour rester en lien avec la population, l'inscrivait d'office dans les commissions sécurité incendie – les plus pénibles et difficiles car elles consistent à visiter des commerces et à vérifier leur mise aux normes. À ses yeux, c'était le moyen de la faire identifier par toute la ville. En privé, il la houspillait même. « Par exemple, il ne supportait pas qu'elle soit constamment sur son téléphone, raconte Patricia Di Martino. De fait, même quand elle était seule avec lui, dans son bureau, elle ne pouvait s'empêcher de consulter ses réseaux sociaux. Ça le mettait hors de lui et il lui demandait d'éteindre l'appareil sans cesse. » Mais Marlène, aussi têtue qu'insolente, cède rarement. « Vous êtes pénible, monsieur le sénateur-maire ! » répondait-elle quand il lui en demandait trop. Ce type d'échanges, parfois tendus, a fini par devenir un jeu entre eux, Marlène Schiappa s'estimant tout à fait capable de pianoter sur son smartphone en échangeant avec lui. Une nouvelle génération en marche…

Ces quelques frictions – relatives et sans gros enjeux, soyons francs – n'empêchent pas des liens forts. Et qui surprennent. Voir par exemple le sénateur-maire garder les filles de Marlène lorsqu'elle a des rendez-vous importants en a étonné certains. Des élus se souviennent encore du moment où ils ont inauguré la fête foraine en compagnie des élus, des forains et de… la fille aînée de l'adjointe, qui avait une interview sur France 3 ! Le maire a offert à cette dernière des tours de manège et des barbes à papa, tandis que les édiles socialistes s'étranglaient de ces attentions quasi familiales venant d'un homme qui n'avait jamais amené ses propres enfants au moindre événement.

« J'ai eu la chance de connaître le maire à la fin de sa vie, quand il avait déjà créé le RMI, exercé des responsabilités importantes et intellectuellement beaucoup à transmettre, raconte la ministre. Son décès a été une énorme perte. Je le savais malade mais ne l'ai pas vu venir. Simon Renucci, l'ancien maire d'Ajaccio, rocardien comme lui, m'avait dit : "Appelle Jean-Claude, il ne va pas bien." J'étais déjà au ministère… » Aux obsèques de Jean-Claude Boulard, François Hollande, François Fillon, Stéphane Le Foll, Sylvie Rocard, Stéphane Bern, Emmanuel et Brigitte Macron se sont réunis dans la cathédrale Saint-Julien. Discrètement, le président de la République a réconforté l'ancienne maire adjointe.

17

Macron, la rencontre

Pour en arriver à poser ses valises dans un ministère, Marlène Schiappa s'est appuyée sur un travail acharné, certes, mais elle a aussi pu bénéficier d'un alignement des planètes on ne peut plus singulier. Si on rembobine jusqu'au vrai point de départ, on arrive en 2012. Quand Jean-Claude Boulard, futur mentor qu'elle ne connaît pas encore, monte à Paris pour rencontrer le secrétaire général de l'Élysée, un certain Pierre-René Lemas. Qui, pour des raisons un peu floues, n'honore pas leur rendez-vous. Confus, le secrétaire général adjoint, présent, lui, en profite pour échanger avec le maire du Mans. Le jeune homme, un talent brut de trente-deux ans, qui vient tout juste de rejoindre la fonction publique. Ses prénom et nom ? Emmanuel Macron.

La conversation qu'ils ont eue ce jour-là les marquera tous deux au fer rouge. « Quand il est rentré au Mans, dans la soirée, Jean-Claude m'a dit qu'il venait de rencontrer l'homme le plus intelligent qu'il ait jamais croisé », se souvient Patricia Di Martino, sa directrice de cabinet. À compter du même jour, les deux hommes deviennent amis et ne cessent d'échanger. Ils parlent le même langage, ont la même vision de la politique. Aussi, quand Emmanuel Macron est nommé ministre de l'Économie, en août 2014, Jean-Claude Boulard est naturellement l'un des premiers maires de France à l'inviter... Et à se faire inviter.

Par la suite, comme chacun sait, Emmanuel Macron et une poignée d'acolytes lancent En marche – qui deviendra LREM – et cherchent rapidement à avoir un représentant dans chaque département. Jean-Claude Boulard est évidemment contacté. Mais, malgré toute l'amitié qu'il porte à l'ambitieux ministre, ce dernier décline. « En tant que socialiste, c'était un fidèle de François Hollande et, à ce moment précis, on ignorait tous que celui-ci n'allait pas se représenter. Et puis soyons honnête : à l'époque, personne ne savait vraiment où Macron allait... » précise Patricia Di Martino. Emmanuel Macron revient à la charge et affine sa demande. Il précise souhaiter une femme, jeune, dynamique, fourmillant d'idées, si possible élue, ou alors du milieu associatif... Cerise sur le gâteau, l'idéal serait qu'elle vienne de la gauche, ce qui rassurerait l'écosystème socialiste du Mans, mais pourrait aussi élargir légèrement à droite. Un profil atypique, qui existe... « Un jour, le maire me convoque dans son bureau et m'explique le profil recherché, raconte la future ministre. Sauf que, comme beaucoup de femmes qui peuvent être dans l'autocensure, je ne comprends absolument pas qu'il parle de moi ! Par conséquent, j'ai passé les dix jours suivants à multiplier les coups de fil pour trouver la bonne personne. » Une chance pour elle, ses recherches ne sont pas concluantes. Patricia Di Martino décline. « C'était un grand honneur, mais j'étais déjà proche de la retraite, raconte-t-elle. Et, franchement, ce n'était pas pour moi. » De la pédiatre à la commerçante du centre-ville, toutes refusent. Au mieux, les recrues potentielles hésitent, puis battent en retraite. C'est là que Patricia Di Martino intervient (encore) et recadre l'adjointe. « Mais enfin… tu vois bien que c'est de toi qu'on parle quand Macron dit qu'il veut une jeune élue de gauche ! Arrête tes recherches et contente-toi de dire un grand "oui" », lance-t-elle. Marlène Schiappa atterrit puis, après une longue discussion avec le maire, la jeune maman se déclare enchantée de commencer cette nouvelle aventure.

Macron parle à sa génération. « Avec lui, on peut être de gauche et soutenir les start-up. On peut s'occuper de l'égalité femmes-hommes et, en même temps, de l'attractivité économique du territoire », souligne-t-elle. Il parle aussi cash, rejette les partis sclérosés que Marlène ne supporte plus, s'écarte du PS ankylosé de la fin du quinquennat Hollande moribond pour proposer un autre sursaut. « En l'entendant à la radio, je me suis dit : "C'est un candidat pour moi, ça !" » se souvient-elle.

La Mancelle rencontre le trublion, à Laval, le 25 juillet 2016. Celui qui est alors le ministre de l'Économie, de l'Industrie et du Numérique est de passage dans la région pour dévoiler les villes ayant reçu le label « French Tech ». Une sorte de sésame, créé trois ans auparavant, attribué aux cités ayant un écosystème de start-up performant. Marlène Schiappa, responsable du numérique pour Le Mans, a décroché les lauriers pour sa ville… Lui revient la charge des honneurs.

« Ce n'était pas un ministre mais une rock star. Il est arrivé, entouré de caméras, et les gens l'acclamaient, raconte-t-elle. On s'est tous levés. Vraiment, la salle était en transe. À la fin, je me suis présentée à lui, je lui ai présenté notre équipe, je lui ai expliqué que j'étais sa référente et on a fait une petite photo. » Son amie Géraldine se souvient quant à elle d'une « journée absolument décisive » dans le destin de la future membre du gouvernement. Officiellement, la rencontre n'a pas fait office de détonateur dans la relation Macron-Schiappa, mais, en coulisse, les mieux renseignés admettent que celui qui est déjà dans les starting-blocks pour l'Élysée est rentré de Laval « intrigué » et « séduit » par la personnalité hors norme de celle qu'il nommera secrétaire d'État l'année suivante.

Réduire le parcours politique de Marlène au hasard des calendriers, ou à l'art d'être là au bon moment – qu'elle paraît maîtriser à merveille, cela dit – serait réducteur et limite malhonnête. Car elle a la capacité de prendre une décision décisive, et même radicale, en une poignée de secondes. Là où nombre d'entre nous pèseraient le pour et le contre durant des heures, elle cogite vite.

Comme ce 1er décembre 2016, lorsqu'en plein conseil municipal, la nouvelle fait vibrer tous les smartphones de la salle : François Hollande n'est pas candidat à sa propre succession. Face à une bande de socialistes qui semblent accuser le coup sous l'effet d'une bombe, elle se lève et les invite aussitôt à « voter Macron », n'hésitant pas à distribuer des tracts d'En marche dans la foulée en plein conseil. Opportuniste pour certains, rationnelle et cohérente pour d'autres.

Dès le départ, son flair l'oriente d'ailleurs plutôt bien. Grâce au statut de représentante LREM de la Sarthe, elle se voit invitée régulièrement aux réunions du parti en formation. « Et à chaque fois, là où tout le monde, surtout les plus médiatiques, se précipitait devant les objectifs et les caméras, moi, je me mettais juste derrière », souligne-t-elle. Ceux qui pensent que Marlène Schiappa était un animal médiatique dès la campagne ont tout faux. À l'époque, peu de journalistes s'intéressent à l'élue inconnue au bataillon. À part un portrait sur le site Parole de mamans, et un autre dans le *JDD* (en fin de campagne), au rayon presse, on ne trouve pas grand-chose la concernant. Donc quand elle explique qu'elle va « derrière », se met au fond de la salle, elle parle de l'endroit où les décideurs du parti se postent : car c'est vers eux qu'elle cherche à se tourner, eux dont elle tient à attirer l'attention. Et, un jour, ça marche.

Cette fois-là, Stéphane Séjourné et Julien Denormandie l'abordent. Le premier est un proche conseiller d'Emmanuel Macron, fondateur des JAM (Les Jeunes avec Macron) et responsable des parrainages pour l'élection. Le second est secrétaire général adjoint du parti, et l'un des grands artisans du mouvement. Pas des petits joueurs, en somme… Riche de son expérience d'adjointe au maire depuis plusieurs années, Marlène Schiappa connaît la mécanique. Pour se faire remarquer et avoir une chance de vendre ses idées, ce n'est pas aux journalistes qu'elle doit s'adresser mais à ceux qui contrôlent les joysticks. Aussi ne laisse-t-elle pas passer l'occasion de se présenter aux deux jeunes loups du parti, étonnée, en retour, qu'ils l'identifient déjà. « Je leur ai dit être très heureuse de représenter En marche dans la Sarthe, mais leur ai surtout présenté mon domaine d'expertise, l'égalité femmes-hommes. En leur demandant qui contacter pour en discuter. Là, ils se sont regardés sans trop savoir quoi répondre puis m'ont répondu : "Personne" ! » Les deux hommes sont, en effet, pris de court. Leurs champs lexicaux et domaines de prédilection tournent autour de l'économie, de la sécurité, de la culture… mais l'égalité ne leur parle guère et ils n'ont, dans leur giron, aucun expert du sujet. Une aubaine pour l'audacieuse, qui ne se démonte pas : « J'ai proposé de rédiger une note pour leur détailler mes idées. »

Elle envoie rapidement une première salve de propositions concentrée sur une quinzaine de pages, qui fait carrément office de programme. Entre sa mission de maire adjointe, Maman travaille, et tous les livres qu'elle a publiés sur la question, autant reconnaître qu'elle n'a pas mis des mois à l'écrire. Tout était dans un coin de sa tête, prêt à être dégainé… Sa note est appréciée. La suivante également. Jusqu'à ce mail de Julien Denormandie que Marlène n'est pas près d'oublier. L'actuel ministre de l'Agriculture lui transfère en effet un échange entre plusieurs cadres du parti naissant, comme Alexis Kohler, futur secrétaire général de l'Élysée, et Ismaël Émelien, dans lequel tous louent la qualité des propositions avancées et de la personnalité dynamique qui les a formulées. Dans la foulée, elle est invitée à se rendre au QG d'Emmanuel Macron pour participer à des tables rondes sur… l'égalité femmes-hommes.

Sur place, elle s'aperçoit que très peu de femmes portent les causes qui lui tiennent à cœur et qu'aucune ne met de véritables propositions sur la table. « Beaucoup de personnes appelaient déjà le candidat et ses équipes pour se placer, avoir des postes… mais moi, je ne demandais rien. Ma culture n'est pas d'arriver en demandant quelque chose. En général, je travaille d'abord, ensuite j'acte que mon travail doit être reconnu. Donc j'envoyais plein de notes et je proposais du concret », confie-t-elle.

Rapidement, on l'invite à faire des conférences, à intervenir dans des meetings… Et, comme chacun voit et sent qu'elle a le vent en poupe, les « Marcheurs » se mettent de plus en plus à la contacter. La consécration arrive lorsqu'Emmanuel Macron en personne la convie à participer au grand meeting de Lyon, le plus important de la campagne, en février 2017. Nous sommes à trois mois de l'élection, Marlène Schiappa commence à devenir incontournable.

Sur la scène du palais des sports, dans une ambiance digne d'un stade de foot, devant 10 000 personnes, lui revient d'introduire l'événement. « C'était fou, admet-elle. J'avais même été coachée par une metteure en scène pour me préparer. Je me souviens que la veille, tout le monde faisait la fête, sauf moi… J'étais allée au lit à 21 heures pour être en forme le lendemain. » La personne qui doit placer les intervenants dans les loges inverse Gérard Collomb et Marlène Schiappa. Elle place le futur ministre de l'Intérieur dans une petite loge avec sa femme et sa fille… et installe la Mancelle avec la metteure en scène dans une immense loge du stade ! Jusqu'à ce que la porte s'ouvre sur… Emmanuel Macron lui-même ! Arnaud Jolens et Ludovic Chaker, responsables des événements, fusillent du regard l'impétrante. « Qu'est-ce que tu fais là ? » grogne Ludovic Chaker à voix basse. « Je suis désolée, on m'a dit de venir ici, je vais partir », répond-elle en rassemblant ses affaires. Mais le futur président, déjà installé et relisant son discours avec Ismaël Émelien à ses côtés, lui dit sans se retourner : « Mais non, reste, Marlène. » Une personne présente à l'échange s'en souvient encore : « Marlène était statufiée, elle ne voulait pas déranger, elle osait à peine respirer à quelques mètres du candidat. Mais Brigitte, elle, n'arrêtait pas de l'encourager, et Emmanuel, de la remercier d'être là, de la féliciter pour ses notes, etc. Elle a fini par se détendre. »

Sur la scène, dans sa robe noire et blanche, sexy mais pas trop, avec ses longs cheveux bouclés tombant sur ses épaules et sa façon de s'exprimer – plutôt *girl next door* qu'énarque mal fagotée –, elle dénote dès les premières secondes. D'autant qu'elle met les pieds dans le plat d'entrée : « Bonjour à toutes et bonjour à tous. Quel que soit l'endroit d'où vous avez marché pour venir à Lyon aujourd'hui, dans les rues que vous avez traversées, je ne sais pas si vous avez fait attention aux plaques, mais seules sept rues sur cent en France, portent le nom d'une femme... » Une prise de parole qui s'achève par une *standing ovation*...

La greffe prend! Marlène n'est plus une simple représentante du mouvement dans la Sarthe, mais l'une des figures d'un mouvement en pleine démonstration de force. Présente ce jour-là, Brigitte Macron est conquise par l'ovni qui vient de chauffer la salle en défendant des causes qui la touchent tout particulièrement. « Elles ont sympathisé... et c'est à partir de ce moment qu'elles ont commencé à se rapprocher », explique Patricia Di Martino.

Peu de temps avant ce coup d'éclat, précisons que Marlène Schiappa a dû faire un choix cornélien. Séduit par son « sens politique » au-dessus du lot, Stéphane Séjourné, l'un des acteurs de son intégration dans l'équipe, lui propose, entre deux portes, de faire partie des 577 candidats inscrits en vue des élections législatives. Or, à l'époque, Jean-Claude Boulard ne veut pas perdre sa majorité municipale. Envoyer sa chouchoute sur une circonscription socialiste, c'est entraîner une levée de boucliers au conseil municipal. Marlène ne tient en aucune manière à lui créer de problèmes. Mais Séjourné insiste. « De la part d'Emmanuel. » Soit elle accepte, soit elle rejoint la commission d'investiture présidée par Jean-Paul Delevoye, un ancien cador du RPR et ministre du gouvernement Raffarin. En clair, il lui faut choisir entre faire campagne pour devenir députée, ou continuer de soutenir le candidat En marche... au risque de tout perdre.

Un dilemme dans lequel Patricia Di Martino va encore jouer un rôle majeur. Pour l'ancienne directrice de cabinet de Jean-Claude Boulard, il est clair que l'adjointe doit rester connue de l'équipe, et au plus près du candidat. «Tu as un rôle national à jouer, lui dit-elle, et pas comme conseillère, comme ministre!» Comme elle, son ami Jérémie Peltier, directeur des études de la prestigieuse fondation Jean-Jaurès, structure politique reconnue d'utilité publique, lui conseille d'intégrer la commission : «Ils vont apprendre à te connaître et tu deviendras indispensable. Tu peux toujours être ministre de la société civile, alors que candidate aux législatives, tu seras trop prise par ta campagne pour soutenir le candidat au quotidien», dit-il.

Quand Emmanuel Macron envisage de faire un deuxième déplacement dans la région, il décide de venir passer une journée au Mans. C'est à Marlène Schiappa qu'il échoit de lui proposer un programme. Alors que les vieux élus socialistes menacent de boycotter celui qui fragilise le PS – François Hollande ne s'est pas encore retiré –, l'adjointe souffle au maire : «On n'a pas besoin d'eux.» Jean-Claude Boulard lui demande une seule chose : feindre de ne pas s'occuper de la présidentielle. Faire comme si elle soutenait Macron sans penser qu'il sera candidat face au président sortant. «C'est une astuce que Marlène Schiappa utilise souvent : jouer la naïve, s'agace un adversaire. Elle remue les cheveux, prend une petite voix, et fait : "Ah nan, mais moi, j'avais pas compris, désolée, oh là là."» La tactique – le reproche n'est pas forcément faux – fonctionne très bien car les gens, alors, la sous-estiment. Elle adopte l'apparence d'une fille banale mais, dans sa tête, huit scénarios de stratégie politique s'élaborent. C'est ce qu'elle a fait ce jour-là, jouer la quiche pour soutenir Macron sans qu'on le lui reproche trop, faisant semblant de ne pas avoir compris qu'il allait être candidat, comme le confie une ancienne conseillère. Attitude qui lui vaudra d'être qualifiée par un journaliste politique de *L'Express* de « fausse ingénue ».

À l'occasion du déplacement, Marlène prend donc le candidat en main, l'emmène dans une auto-école pour illustrer la réforme des cars Macron, lui présente l'association Maman travaille, les start-up qu'il a labellisées French Tech et son prix de la startuppeuse mancelle (aujourd'hui repris par la présidente de la région Pays de la Loire LR, Christelle Morançais). La presse locale est dithyrambique.

Les retombées positives de la visite du candidat ou de sa prestation au palais des sports de Lyon devant 10 000 spectateurs ne lui assurent aucun traitement de faveur. Du moins pas encore. D'autant que la campagne s'avère rude. Marlène Schiappa ne roule pas sur l'or, loin de là, et le retour sur investissement va devoir attendre. Elle se débrouille, évite le TGV (trop cher), prend des longs TER, fait du covoiturage, et à plusieurs reprises, après certains meetings en province, dort sur le canapé de militants. « Pendant que mon mari garde nos deux filles », précise-t-elle.

Idem quand elle monte à Paris lorsqu'il lui faut se rendre au QG du mouvement… où certaines fins de soirées tournent au rocambolesque. Comme la fois où elle essaye de régler sa nuit d'hôtel mais voit le paiement de sa carte bleue refusé. Compte bancaire bloqué ! Il ne lui reste que 4 % de batterie sur son téléphone, et elle n'a plus le droit à l'erreur. C'est un peu le joker du « coup de fil à un ami » de l'émission *Qui veut gagner des millions*. Heureusement, le premier appel est le bon… et une amie l'héberge pour la soirée.

Pendant des mois, Marlène Schiappa s'investit sans compter. Et sans savoir si son profil est vraiment étudié pour intégrer la garde rapprochée du candidat En marche… Mais quelques indices commencent à apparaître. Elle reçoit plusieurs messages bienveillants d'Emmanuel Macron lui-même, et de son épouse, Brigitte, qui affiche son soutien par petites touches. Entend un député souffler avoir aperçu une ébauche de projet de gouvernement traînant sur un bureau et mentionnant son nom… Rencontre des Marcheurs qui se mettent à la taquiner en l'appelant « madame la ministre ». Sans se laisser griser ni y croire.

« Marlène avait une énergie de dingue, elle était partout : sur le fond, dans les meetings. Elle tractait, toujours de bonne humeur et toujours avec mille idées, une petite tornade dans notre équipe masculine », souffle un ancien de la campagne. Soulignons que la commission d'investiture qu'elle a choisi de rejoindre en s'asseyant sur un potentiel siège de député lui ouvre aussi toutes les portes. Car celle-ci réunit ses membres une à deux fois par mois, et lui offre des privilèges nouveaux : « Elle pouvait soudain échanger aussi facilement avec des parlementaires, des anciens ministres, que des membres du premier cercle du candidat », ajoute cette source.

Son nouveau rôle lui donne également accès au sixième étage du quartier général. Le saint des saints puisque c'est là que les chefs se retrouvent. Benjamin Griveaux, cofondateur du parti, Ismaël Émelien, proche conseiller du candidat, sans oublier le futur chef de l'État et son épouse. Au cours des réunions de cette commission d'investiture, plusieurs gouvernements fictifs sont proposés par les uns et les autres. Souvent très contrastés, selon les convictions et accointances des différents auteurs, mais quasiment tous ont un point commun… le nom de Marlène Schiappa y figure ! « Certains comme Cédric O ou Catherine Barbaroux commencent même à venir me voir pour me dire très sérieusement : “Prépare-toi… tu seras au gouvernement !” », raconte-t-elle, avec une joie rétrospective intacte.

S’il y a un événement fondateur à retenir dans l’ascension de Marlène Schiappa, c’est le trajet en avion effectué aux côtés du candidat Macron et d’une délégation ultra-resserrée lors d’un déplacement en Corse. Ce jour-là, le 6 avril 2017, l’ancien ministre emmène le tout récent soutien François de Rugy, ainsi que Sibeth Ndiaye, sa conseillère presse, et la jeune Mancelle… Quand elle hésite, Jean-Claude Boulard, son mentor, ainsi que sa directrice de cabinet, l’incontournable Patricia Di Martino, la somment de saisir cette opportunité en or massif. « Tu dois profiter de ce voyage pour lui parler et lui demander de te faire entrer au gouvernement ! » insistent-ils. « Mais ce n’est pas mon genre, tempère l’impétrante. Dans le travail, je ne demande jamais de promotion et jamais d’argent. J’attends juste du respect et de la reconnaissance. »

Assise à côté d’Emmanuel Macron durant le vol aller, elle ne parvient pas à se faire violence. « Je me suis contentée de mettre sur Facebook une photo sur laquelle on est tous les deux en train de lire *Corse matin* », s’amuse-t-elle encore. Ce qui permet à ses proches de découvrir où et avec qui elle est, puisqu’ils ne sont jamais avertis autrement que par ses posts sur les réseaux sociaux. Au retour, elle ne pense déjà plus à se déclarer candidate pour intégrer le futur gouvernement : à quoi bon puisqu’elle n’est même pas assise près du candidat ? Mais, au même instant, une amitié récente va jouer un rôle déterminant. Sophie Ferracci, cheffe de cabinet d’Emmanuel Macron alors ministre de l’Économie, est aussi sa cheffe de cabinet depuis la création d’En marche. Elle et Marlène ont plus que sympathisé les mois précédant ce déplacement, bien aidées par quelques proximités utiles : Sophie est mariée à Marc Ferracci, conseiller économique et ami intime du candidat, qui est originaire du sud de la Corse comme la famille de Marlène ! Les deux femmes s'apprécient et s'estiment. « Alors que je devais être assise quatre rangs derrière le candidat, Sophie est venue vers moi, a pris mon billet, m'en a donné un autre et m'a dit : "Tu changes de place, tu es au premier rang." Là, je ne saisis pas, lui dis : "Non, ma place est bien là", sauf qu'elle insiste fermement... » Sa nouvelle amie connaît l'importance que revêt un tel trajet, deux heures de vol qui peuvent tout changer. Intimidée à l'idée de piquer la place de l'un des membres de l'équipe, Marlène Schiappa n'ose pas accepter, jusqu'à ce que Sibeth Ndiaye s'en mêle. « Mais il la voit tout le temps, son équipe ! Allez, vas-y ! » dit-elle en la poussant gentiment au premier rang. La jeune femme finit par céder et va prendre place à côté de l'homme providentiel.

« Au début, je n'osais pas trop aborder le sujet, mais, les minutes passant... j'ai senti que Sophie et Sibeth me fixaient. Je ne sais pas si c'est le cas mais j'avais l'impression qu'elles me faisaient presque les gros yeux et voulaient que je me lance ! J'ai senti une vraie solidarité féminine ce jour-là », se souvient la future ministre avec émotion. Même si elle ne souhaite pas révéler la teneur de la conversation qu'elle a eue avec l'actuel président de la République, elle confirme que l'échange a été constructif. « Je ne peux pas dire que ce moment passé ensemble lui a fait prendre sa décision, mais il y a sûrement contribué. »

Les commissions d'investiture se poursuivent et Marlène fait l'unanimité. Le sénateur François Patriat, à côté d'elle en réunion, ne cesse de chanter ses louanges et son sens politique. « Elle arrivait à identifier des talents, allait toujours dénicher des potentiels inattendus », se souvient Thomas Brisson, qui coordonnait la commission auprès de Stéphane Séjourné. Son combat pour la parité est en outre apprécié par Agnès Pannier-Runacher et Christine Veyrac, qui se battent avec elle pour investir 50 % au moins de femmes sur des circonscriptions gagnables, comme l'a annoncé Emmanuel Macron.

Durant ce marathon électoral, Marlène Schiappa n'envisage pas réellement de prendre un jour un ministère. En tant que jeune mère célibataire, trentenaire et novice, elle trouve les rumeurs et les bruits de couloir exagérés et la fonction, inaccessible. Elle n'a alors qu'un rêve… travailler avec Brigitte Macron !

Leur complicité née au meeting de Lyon ne s'est pas démentie depuis, elle s'est même développée au fil des semaines. Les causes que la future première dame défend, autour des femmes, des enfants, du harcèlement scolaire et du handicap rejoignent celles que Marlène porte depuis des années, que ce soit *via* Maman travaille ou depuis la mairie du Mans. « À l'époque, quand on me demande ce que je voulais faire si Emmanuel Macron était élu, je répondais que, dans un monde idéal, j'aimerais devenir la conseillère de Brigitte. À ce moment-là, je pensais réellement que l'on pourrait faire plein de choses toutes les deux. Et puis j'adorais déjà sa personnalité… »

Le sprint final finit toutefois par changer la donne. Sa proximité avec le président, avec son épouse, et les encouragements des soldats En marche qui voient en elle (*a minima*) une secrétaire d'État la poussent à se laisser convaincre. D'autant plus qu'elle pressent que, si tel était le cas, elle aurait suffisamment de latitude pour développer ses idées comme elle l'entend. Alors, une fois Emmanuel Macron élu, forcément, elle espère… malgré elle. L'aventure ne peut pas s'arrêter là ! « Son nom commençait à circuler avec insistance », se souvient un familier de la campagne. « Le président aimait son côté sérieux en privé et accessible en public. En politique vous avez des gens qui se donnent l'air sérieux en public et n'en foutent pas une. Marlène, c'était l'inverse. Elle travaillait comme une damnée mais avait toujours l'air d'arriver de la plage. » Et c'est un signe aussi familier qu'évocateur qui va finir de la rassurer. Lequel survient lors de la réception organisée à la mairie de Paris, pour fêter son élection avec ses alliés, dans les jours qui suivent. « Le président salue tout le monde, et quand vient mon tour, il m'adresse un clin d'œil très appuyé... » se souvient-elle avec émotion, refusant néanmoins de le prendre pour une confirmation totale. Pour Jean-Claude Boulard, présent, l'indice, en revanche, est évident, Marlène va être nommée au gouvernement.

Quelques jours plus tard, le 17 mai 2017, Alexis Kohler, nouveau secrétaire général de l'Élysée, la rassure définitivement. Sa trajectoire est donc fulgurante. Pour autant, comme elle le rappelle sans cesse depuis, elle ne s'est pas faite en un clin d'œil.

18

Chouchoute de la première dame ?

Ne pas être devenue sa conseillère, une fois l'élection passée, n'a pas empêché Marlène Schiappa d'entretenir un lien complice avec l'épouse du président de la République. « Tant que Marlène est au gouvernement, ça me va », aurait même soufflé la première dame. Tout particulièrement dans les semaines qui précédèrent le remaniement ministériel de juillet 2020, et qui virent la secrétaire d'État chargée de l'Égalité entre les femmes et les hommes devenir ministre déléguée chargée de la Citoyenneté. Une promotion qu'elle devrait, selon certains, en partie à la considération et à la confiance que lui porte l'épouse du chef de l'État. En marge d'un documentaire diffusé sur BFM TV, la journaliste Pauline Revenaz affirmait ainsi : « À chaque remaniement, elle dit à Emmanuel Macron : "Tu fais bien ce que tu veux, mais tu gardes Marlène." » Mais un proche de Brigitte Macron en contact quotidien avec l'Élysée estime le raccourci un peu facile et éloigné de la réalité. Non sur le fond du soutien, mais sur sa forme. « Cela voudrait dire que le chef de l'État serait sous influence et qu'il ne serait pas lui-même convaincu de l'importance de Marlène, commente ce connaisseur. Or il a réellement besoin de cette dernière pour porter les causes qu'elle défend. N'oublions pas qu'une proximité similaire avait été évoquée concernant Muriel Pénicaud et Françoise Nyssen alors qu'elles ont toutes deux fini par quitter le gouvernement… »

Cela étant, au vu des informations auxquelles j'ai eu accès, notons qu'une réelle complicité existe entre la première dame et la ministre. Au point qu'elles s'écriraient des SMS fréquemment. Presque tous les jours. Pour échanger à propos des causes qui leur sont chères, mais pas seulement… « Je suis très proche de Brigitte, on s'appelle souvent. Elle me soutient beaucoup, et je lui demande aussi des conseils », confiait d'ailleurs Marlène Schiappa, le plus naturellement du monde, en 2017, au *JDD*. Elle avait aussi déclaré, la même année, avec un humour pas apprécié de tous, que « la plus grande qualité du président était son épouse ». En 2018, *Le Canard enchaîné* affirmait même que Marlène avait avancé une comparaison que l'on pourrait qualifier… d'osée ! Au consulat de New York, où elle s'était notamment rendue pour évoquer les femmes qui symbolisent la France, elle aurait lancé : « Hier, Simone de Beauvoir, aujourd'hui, Brigitte Macron. » Pourtant ce n'est pas ce qu'a dit la ministre, qui a simplement répondu à la question : « Quelles sont les femmes françaises connues à New York selon vous ? » Et elle de citer dix femmes, de Catherine Deneuve à Julie Delpy en passant par Simone de Beauvoir et… la première dame.

Sa fraîcheur et sa spontanéité, clivante pour certains, plaisent indéniablement à Brigitte Macron depuis le début de l'aventure En marche. D'autant que l'épouse du président a décidé de fonctionner de façon pragmatique dès le début du quinquennat. « Elle n'a pas choisi de défendre une cause plutôt qu'une autre, mais s'est laissé guider par les courriers que les Français lui adressaient. Son agenda était bâti en fonction», poursuit notre source. Comme les droits des femmes, leur santé et la violence dont elles peuvent être victimes constituent des thématiques récurrentes de son courrier, forcément, la secrétaire d'État chargée de l'Égalité entre les femmes et les hommes s'est régulièrement retrouvée au contact de la première dame. «Paradoxalement, cette cause était tellement incarnée par Marlène que Brigitte s'est même progressivement mise en retrait», note-t-on à l'Élysée.

Ce qui ne les a pas empêchées d'apparaître ensemble à plusieurs reprises. Pour soutenir et accompagner la cause des femmes, mais aussi celles des enfants, à laquelle elles sont extrêmement sensibles. Elles sont allées au théâtre maintes fois, ont visité la cellule spéciale cybercriminalité, chargée entre autres de veiller sur ce qui relève de la pédopornographie, se sont rendues à Soissons (Hauts-de-France) afin de visiter l'Unité d'accueil pédiatrique pour enfants en danger. Un déplacement qu'il leur tenait à cœur de réaliser conjointement, et pour lequel, hasard ou pas, elles semblaient habillées comme des jumelles, toutes deux vêtues d'une veste de blazer blanche et d'un pantalon noir ! À New York, la première dame et la ministre ont aussi accompagné le président de la République à l'ONU et, tandis qu'il menait des réunions avec des chefs d'État, elles ont reçu de concert la société civile au Consulat. «Ce jour-là, Marlène a voulu faire une surprise à la communauté française. Cette surprise, c'était la présence de Brigitte Macron ! se souvient l'une des intervenantes, membre du Conseil consultatif du G7 pour l'égalité femmes-hommes, groupe monté par le président et confié à Marlène Schiappa. Elles étaient souriantes et complices, ravies du tour joué.

Auparavant, elles avaient relu ensemble les discours à prononcer. »

De leur engagement n'est pas née une amitié, au sens familier du terme – « Je ne me prétendrai jamais intime de Brigitte, justement parce que je respecte son intimité », explique du reste la ministre –, mais une bienveillance, un respect et une admiration mutuels.

À plusieurs reprises, Marlène Schiappa s'est évidemment rendue au bureau de l'ancienne professeure de français, dans l'aile qu'elle occupe au sein du palais de l'Élysée, parfois en présence des conseillers spéciaux de cette dernière, mais pas seulement. Brigitte et Marlène ont en effet eu plusieurs entrevues, en privé, juste toutes les deux. Pour parler des affaires courantes, bien sûr, mais aussi de sujets plus personnels… Car la première dame appelle la ministre à chaque coup dur, l'air de rien, pour prendre des nouvelles, preuve subtile qu'existe entre elles une solidarité issue des torrents de critiques qui ont été déversées sur elles depuis le début du quinquennat. Qui a oublié le dérapage de Christian Estrosi, en 2019, au micro de Sud Radio : « Si *Le Journal du hard* existait encore, peut-être que Mme Schiappa irait, je n'en sais rien », avait-il déclaré pour fustiger sa participation à une émission de Cyril Hanouna. Il s'était par la suite excusé (du bout des lèvres) *via* Twitter, mais posons une question : si Marlène Schiappa avait été un homme, le maire de Nice aurait-il choisi cet exemple ? Il est permis d'en douter…

« La sphère politique est un milieu au sein duquel revendiquer sa féminité dérange encore. Cela fait des siècles que cet univers fonctionne sur le machisme, la masculinité exacerbée, donc forcément, des personnalités comme Brigitte et Marlène en payent parfois le prix », analyse un proche de l'épouse du chef de l'État. Qui rappelle un épisode ayant fortement secoué l'Élysée. « Quand Bolsonaro, le président du Brésil, et l'un de ses ministres s'en étaient pris à elle en disant qu'elle était "vieille" et "moche", ça a vraiment été très pénible pour Brigitte Macron. Plusieurs jours durant, qu'elle ouvre le journal ou aille sur Internet, forcément, elle tombait sur ces propos, souvent rapportés sans aucun ménagement. C'était particulièrement violent. » Or, à l'époque comme à chaque fois que la première dame est attaquée, que ce soit sur son âge ou simplement sur sa condition de femme, Marlène monte au créneau. Sur son compte Twitter, la ministre chargée de la Citoyenneté réplique aux assauts machos et orduriers en citant l'écrivaine Virginie Despentes : « Pendant ce temps, les hommes n'ont pas de corps. Pas d'âge, pas de corpulence. N'importe quel *** rougi à l'alcool, chauve à gros bide et look pourri, pourra se permettre des réflexions sur le physique des filles [...]. Ce sont les avantages de son sexe. » Un courage qui a touché la victime des saillies irrespectueuses et vulgaires. « D'autant plus que Marlène a souvent été la seule à oser prendre sa défense », poursuit notre source. Avant de rectifier une idée reçue la concernant : « On critique souvent, publiquement ou pas, Marlène Schiappa parce qu'elle se préoccuperait un peu trop de son image. Sauf que c'est tout le contraire : elle veut que les femmes qui l'observent, et qu'elle représente, soient fières de l'image qu'elle donne d'elles. Ce n'est donc pas du tout la même chose. Brigitte Macron a exactement la même ambition. Voilà en quoi elles se rejoignent le plus... Quitte à ne rien céder aux codes dictés par les hommes. »

Avouons-le, consciente que, pour faire avancer les choses, il faut être capable de forcer les portes et savoir le faire seul contre tous, Brigitte Macron apprécie le tempérament et le culot de la ministre. Ne pas sans cesse calculer, être prêt à se jeter dans l'arène, le cœur en bandoulière, quitte à prendre des coups. « En revanche il n'y a pas de discussions à proprement parler politiques entre elles. Déjà parce que Brigitte n'évoque jamais ce sujet qui ne l'intéresse pas. Elle n'est pas là pour ça, car ce n'est pas elle qui a été élue. Porter des combats, des causes, correspond à autre chose… et c'est là-dessus qu'elle admire Marlène. »

Un choix que respecte cette dernière, qui n'a jamais sollicité Brigitte Macron pour des événements électoraux. En revanche, elles parlent lutte contre le harcèlement scolaire, voire littérature, les deux femmes partageant une passion pour *Madame Bovary* de Flaubert, que la ministre évoque dans de multiples interviews. En 2019, *Le Point* lui demande s'il est vrai qu'elle a préparé un doctorat sur les mises en abîme chez Flaubert et *Madame Bovary*. « C'est vrai, répond-elle, j'ai aussi passé quelques années à écrire une version transposée au XXIe siècle de *Madame Bovary*. Ce roman est intemporel. Aujourd'hui, Emma rencontrerait Rodolphe sur Tinder, elle rêverait d'aller à la *fashion week* et serait à découvert… La vie de Mme Bovary, c'est ma boussole Sud. Plus précisément, je pensais – et je pense toujours – qu'il y a un travail littéraire à mener sur "Mme Bovary, c'est moi", la phrase de Flaubert, et sur la manière dont il se projette dans Emma Bovary alors qu'il est un homme. La question est : que met-on de soi dans un personnage ? Une grande part de la littérature française contemporaine se nourrit d'autofiction, donc de mise en abîme, d'Édouard Louis à Delphine de Vigan. Je trouvais intéressant d'étudier la manière dont des femmes, particulièrement, créent des personnages censés les incarner. » Dans le *JDD*, Brigitte Macron avouait, de son côté,

« une passion sans limites pour Flaubert », et précisément *Madame Bovary* qu'elle trouve « plein d'enseignements ».

De son côté, en public comme en privé, la ministre déléguée ne cache pas son affection pour la première dame : « C'est une femme formidable. Une star… Et, en même temps, elle se montre généreuse et d'une grande gentillesse. » Une admiration sans bornes qui devrait se poursuivre après la fin de ce quinquennat, quelle qu'en soit l'issue. « On ne peut affirmer que Marlène est la chouchoute de Brigitte. En tout cas pas en ces termes. Mais il est sûr qu'à chaque fois qu'elle a proposé quelque chose à Mme Macron, ça s'est fait », conclut notre source avec un clin d'œil.

19

Une maman aux forceps !

À peine nommée au gouvernement, la jeune secrétaire d'État chargée de l'Égalité femmes-hommes s'empare d'un sujet dont nul membre du grand public n'a entendu parler : les violences obstétricales. En audition face au Sénat, elle dénonce le taux trop élevé d'épisiotomies en France, les mauvaises prises en charge des jeunes mamans à la maternité, le manque d'informations sur le *post-partum*… devant une salle sidérée, composée essentiellement d'élus d'opposition du Sénat, plus âgés qu'elle d'une, voire deux générations. De leur côté, les syndicats de gynécologues fulminent car, à leurs yeux, on ne peut associer les termes « violence » et « gynécologique » ou « obstétrical » dans la même phrase. Ils y voient une atteinte à la profession et demandent la démission de la jeune ministre ! Pire, Marlène Schiappa évoque un taux de 75 % d'épisiotomies sans préciser qu'elle fait référence aux premiers accouchements et à un calcul établi sur une génération : de fait, le chiffre est mauvais. Plusieurs gynécologues, hommes et sexagénaires, vont alors passer à la télévision pour demander de quel droit cette impudente parle ainsi de leur domaine de spécialité. « Des épisiotomies non consenties sont pratiquées sur des femmes notamment très jeunes, handicapées ou étrangères», rétorque alors la ministre. Ce qui pousse le Syngof (Syndicat des gynécologues médicaux et des gynécologues obstétriciens, publics et privés) à réclamer sa démission. Le Collège des gynécologues monte au créneau en écrivant au Premier ministre.

Brocardée, Marlène Schiappa est aussi soutenue par de nombreuses femmes qui, petit à petit, osent évoquer au grand jour les maltraitances vécues lors d'un accouchement. Si les gynécologues n'écoutent pas la ministre, écouteront-ils leurs patientes? Avec le soutien de l'Élysée, la secrétaire d'État raillée commande un rapport au Haut Conseil à l'égalité entre les femmes et les hommes, intitulé «Violences gynécologiques et obstétricales, documenter une réalité».

Tandis que le débat fait rage, les médias réagissent. Un soir, France 2 ouvre son 20 heures avec des témoignages glaçants de femmes racontant des accouchements pires que des boucheries. Quelques jours plus tard, c'est au tour de *Libération* de mettre ce sujet en une avec un titre choc : «Gaffe au con», accompagné de la photo d'une femme nue se tenant le sexe... Sous-entendu : faites attention au sexe des femmes. Le quotidien explique avoir été inondé de témoignages. France Inter embraye en ouvrant un *Téléphone sonne* : là encore, le standard explose.

En allant loin dans la manière d'attaquer le sujet – trop loin –, Marlène Schiappa s'est pris une volée de bois vert même si elle a fait tomber une digue, celle retenant la parole des femmes. Et pour cause : le sujet fait écho à son propre vécu! Car si le combat est porté par la ministre qui conduit une politique publique, elle-même pourrait être la femme qui appelle la radio pour témoigner de son propre vécu.

Devenir mère était son rêve. S'il s'est réalisé deux fois, ce fut non sans mal. Le premier accouchement de Marlène est même à l'origine de son engagement contre les violences gynécologiques et obstétricales.

Tout commence par des sensations inhabituelles qui l'obligent à se précipiter à l'hôpital. Jusque-là, rien de très original. Mais les examens pratiqués en urgence indiquent la nécessité de déclencher le travail au plus vite. La suite va s'avérer une succession de ratés qui auraient pu mettre en danger la vie de Marlène Schiappa comme celle de son enfant.

« Le déclenchement m'a causé des contractions très violentes, raconte-t-elle devant une douzaine d'autres femmes dans un documentaire de la réalisatrice Ovidie sur les violences obstétricales, diffusé sur Arte. J'ai attendu la péridurale très longtemps sans que rien n'arrive. J'étais jeune, je ne savais pas comment cela fonctionnait, si je devais appeler quelqu'un. Et quand, enfin, un médecin a daigné venir voir ce qu'il se passait, j'étais en train d'accoucher… » Suite à une intervention médicale erronée, elle fait une hémorragie, jusqu'à perdre connaissance. L'équipe soignante la ranime, mais les forceps, instruments d'accouchement peu agréables, sans anesthésie, sont inévitables. Lorsque sa petite fille vient (enfin) au monde, Marlène est loin d'être tirée d'affaire. Heureuse de rencontrer son bébé, elle lutte néanmoins pour ne pas perdre de nouveau connaissance. Quelques instants plus tard, elle désature en oxygène. Malgré l'urgence, après tergiversations, les médecins présents comprennent enfin ce qui se passe : ils ont commis une erreur tragique, celle qui cause au demeurant la plupart des décès maternels liés à une hémorragie – dans le monde, c'est même la première cause de mortalité des jeunes mères.

Marlène Schiappa ne donne jamais plus de précisions sur cet épisode douloureux pour elle. Oui, la naissance de sa fille a été l'instant le plus merveilleux de sa vie. Mais, sur le moment, les actes médicaux ont été pratiqués sans discernement. «Je n'entre pas dans les détails, on est à table», dit-elle en citant le sketch de Florence Foresti sur l'accouchement, par pudeur. Plus tard, Marlène et son mari recevront une lettre d'excuses de l'hôpital, mais le mal est fait. Comme bien d'autres mères, elle aura enduré ces violences gynécologiques et obstétricales, ces erreurs médicales, ces actes pratiqués sans explications ni consentement de la patiente.

Ensuite, durant quelques mois, malgré la joie d'être devenue maman, elle vit entre les biberons, le tire-lait, les changes incessants, les nuits difficiles et les multiples inquiétudes inhérentes au rôle de jeune maman. En somme, elle s'épuise. D'autant plus que sa fille dort très peu et se réveille, *a minima*, toutes les trois heures. Même si elle est déjà accro à la tête blonde menue qui la fait fondre, Marlène passe des moments difficiles.

« C'était un bébé adorable, très vif, gracieux, avec des cheveux blonds tout fins et de grands yeux. Je passais des heures à la contempler, à la respirer, et à la prendre en photo ou à lui faire des câlins. Mais c'est vrai qu'elle a mis longtemps à faire ses nuits… Et qu'en prime, elle ne faisait jamais de sieste ! Aujourd'hui on en rigole quand elle nous gratifie de grasses matinées et on ne peut s'empêcher de lui dire : “Si on avait su que finalement tu adorerais dormir !” Mais, à l'époque, c'était très dur car la privation de sommeil tape vraiment sur les nerfs. »

Anxieuse à l'extrême après ce qu'elle et sa fille ont vécu, elle développe une surinquiétude qui la pousse à appeler SOS médecins plusieurs dimanches consécutifs.

Mais le docteur (toujours le même) qui se déplace ne peut que constater que l'enfant est en parfaite santé, alors que les parents, eux, sont épuisés, vidés. Il leur conseille de moins s'inquiéter et d'aller dormir. Ce qu'ils feront progressivement.

Le temps passe, Marlène s'épanouit dans son rôle de maman. Elle garde sa fille trois jours par semaine à la maison tout en travaillant sur son ordinateur, la gâte, la couve, en somme, s'éclate avec elle !

« Elle amenait sa fille partout, se souvient une cadre de l'association Maman travaille. Il était touchant de voir cette mère de vingt-quatre, vingt-cinq ans ne jamais quitter sa fille ! » Peu à peu, le couple rêve d'un deuxième enfant, mais Marlène appréhende l'accouchement. Bien qu'elle semble guérie des conséquences du premier, notamment grâce à une thérapie EMDR et à beaucoup d'amour et de temps, l'idée de revivre un tel moment la terrifie. Alors quand elle tombe de nouveau enceinte, Marlène prend les choses en main. En vue du jour J, elle entame ce que l'on appelle un accompagnement global à la naissance (AGN), autrement dit, elle est prise en main par une seule sage-femme du début à la fin de sa grossesse. Il s'agit d'un homme sage-femme qui, de la première visite prénatale aux suites de couches en passant par l'épreuve de l'accouchement, sera à l'écoute du couple, nouant avec lui une relation de confiance, réduisant les risques et, surtout, l'appréhension. Préparation à l'accouchement, apprentissage de l'allaitement, haptonomie pour développer la sécurité affective… l'initiative paye puisque, le moment venu, Marlène met au monde une petite fille sans difficulté.

L'haptonomie lui permet en outre d'avoir un autre regard sur bien des choses et notamment sur les relations entre les gens. En prime, l'accouchement s'est déroulé dans une baignoire, son corps à moitié immergé, et sans péridurale ni intervention. « Attention, je suis favorable au choix des femmes, je ne suis pas une antipéridurale. C'est juste qu'à ce moment-là, j'avais besoin d'accoucher naturellement et de m'en sentir capable. Ce qui s'est passé. » Quelques heures plus tard, Marlène est sur pieds, fringante et souriante, au grand soulagement de ses proches. Et, cerise sur le gâteau, cette nouvelle petite fille toute brune est… une grande dormeuse !

20

Propulsée au cœur de l'horreur

Le 16 octobre 2020, Marlène Schiappa prend ses marques place Beauvau, s'habitue peu à peu à son nouveau costume de ministre déléguée chargée de la Citoyenneté et continue d'aménager son bureau. Après trois années dans la peau d'une secrétaire d'État à l'Égalité femmes-hommes, elle a besoin d'un temps d'adaptation. Or la pression est immense. D'autant plus intense que sa nomination a été accompagnée de doutes et sarcasmes – une habitude. Elle a conscience que les affaires susceptibles de passer par le ministère peuvent être de la plus haute importance, parfois très graves, mais elle sait aussi que Gérald Darmanin, son ministre de tutelle, veille ! Mais… pas ce jour-là !

«Je n'oublierai jamais le texto qu'il m'a envoyé, raconte-t-elle. Il me demandait si j'étais à mon bureau. Je réponds que oui… Alors il m'indique aussitôt de me rendre dans la cellule interministérielle de crise. » Marlène s'exécute, et se voit rapidement informée de l'assassinat d'un professeur, décapité à l'arme blanche dans une rue d'Éragny (Val-d'Oise). On brandit sous ses yeux une note des services, ainsi qu'une photo de la décapitation. La vision renforce le choc. Gérald Darmanin étant en déplacement au Maroc, même s'il sautait dans le premier avion, il ne pourrait être présent à Paris que dans deux ou trois heures. « Il m'a dit : "Vas-y, c'est à toi de gérer jusqu'à mon retour !" » se souvient la ministre.

En quelques minutes, elle se retrouve donc propulsée au cœur de la fameuse Cellule interministérielle de crise (la CIC), entourée des haut gradés aux costumes et uniformes garnis de médailles. « Ils sont en train de me dresser un topo de la situation quand on m'informe que le président de la République va arriver dans les cinq minutes… Et que ce sera à moi de le briefer ! » Sur le moment, Marlène Schiappa, jusque-là habituée à se tourner vers Gérald Darmanin durant les moments solennels, regarde autour d'elle. Mais, en l'absence du premier flic de France, le protocole la propulse au sommet de la hiérarchie policière. Reste que lorsqu'Emmanuel Macron fait irruption, elle n'en mène pas large. Elle accueille le chef de l'État sur le perron comme l'exige l'étiquette. Lui s'assoit et demande à la cantonade qui le briefe. En guise de réponse, les généraux, les chefs des renseignements et de la sécurité intérieure se retournent, d'un coup, vers Marlène Schiappa ! « À cet instant, j'ai juste deux solutions. Soit je pars en courant, sachant qu'après je ne peux plus revenir, soit j'assume mes responsabilités. » Elle choisit évidemment la seconde option, et répond de sa petite voix, plus grave vu les circonstances : « C'est moi qui vous briefe, monsieur le président… » Les préfets, généraux, directeurs d'administration lui adressent des regards de soutien. Plusieurs font même des signes de tête solidaires afin de l'encourager. Sans trembler, elle détaille le schéma réalisé par les services de renseignement pour expliquer au chef de l'État la situation, lui présente le plan du quartier où le professeur d'histoire-géographie a été assassiné et où le terroriste a été neutralisé. À la fin de la démonstration, Emmanuel Macron lui adresse un clin d'œil discret, signe d'approbation. Mission accomplie.

Pour l'instant. Car si l'anecdote de la CIC peut faire sourire, la tragédie du jour, elle, est une des pages les plus sombres et dures du quinquennat comme de sa carrière. Le président de la République lui demande en effet de l'accompagner avec le ministre de l'Éducation et le garde des Sceaux. Marlène a le cuir épais, certes, et possède une force mentale rare, elle l'a prouvé… mais la scène qu'elle va découvrir dépassera tout ce qu'elle aurait pu imaginer.

À peine arrivée, on lui indique de ne surtout pas marcher entre… la tête et le corps de la victime. De fait, Marlène Schiappa découvre un décor digne d'un film d'horreur. La dépouille, décapitée, de Samuel Paty est encore présente sur les lieux de l'attentat… Et, un peu plus loin, se devine celle de son meurtrier, Abdoullakh Anzorov, transpercé par neuf balles.

Quand elle échange avec le policier qui l'a abattu, celui-ci est sonné, hébété, bouleversé par ce qu'il vient de vivre. « J'ai vingt-deux ans. Je ne suis pas là pour tuer des gens. Mais je me suis trouvé face à ce terroriste, et j'ai sorti mon arme. Je n'ai pas réfléchi », souffle-t-il, la voix tremblante, devant le chef de l'État et la ministre déléguée.

Durant plus de deux heures, Marlène Schiappa donne le change. Elle console les uns, apaise les autres, échange avec le président. Jusqu'au moment où elle doit retourner au ministère. Accompagnée par Mathieu, son conseiller spécial de l'époque, elle monte dans le véhicule censé la reconduire place Beauvau. Et, à peine les portières refermées, sa carapace de ministre se fissure. « Elle a fondu en larmes, sanglots interminables. Je pense qu'elle a pleuré comme encore jamais dans sa vie.

De façon nerveuse, jusqu'à son retour au ministère», se souvient un membre de son cabinet. «Heureusement que mon conseiller et mon officier de sécurité étaient là pour me soutenir», confie-t-elle. Son conseiller dira plus tard pour la rassurer : «Tu sais, même Bernard Cazeneuve a pleuré après les attentats...»

Au fil de son nouveau ministère, Marlène Schiappa découvre qu'affronter la mort fait partie intégrante de sa mission. Toutes les affaires n'ont pas la même résonance médiatique que l'assassinat de Samuel Paty, mais elles ne sont pas forcément plus aisées à digérer. Comme lorsqu'elle va à la rencontre d'une famille endeuillée suite à un féminicide... ou d'une autre qui pleure le suicide d'un policier. «Il faut savoir trouver les mots», souligne-t-elle. Elle n'a pas oublié cette femme, décédée sous ses yeux alors qu'elle se trouvait en immersion avec les pompiers : «Ils lui pratiquaient un massage cardiaque, mais elle était en rigidité cadavérique, les yeux exorbités, la bouche grande ouverte.»

La ministre n'est donc pas arrivée au ministère de l'Intérieur pour gérer la Citoyenneté dans son coin. Non : aux yeux du chef de l'État, du Premier ministre et de l'état-major d'En marche, le tandem qu'elle forme avec Gérald Darmanin serait même l'une des satisfactions du quinquennat. «J'entends encore les moqueries de certains lors du remaniement, quand elle a été nommée à Beauvau. Mais, un an et demi après, plus personne ne remet en cause son travail. Elle a prouvé sa légitimité», précise un conseiller du président. Si le petit milieu politique a pu avoir des doutes, à l'Intérieur, on n'en a jamais eu. «Ils ont tout de suite vu que, derrière l'image de féministe activiste, se trouvait une vraie bosseuse, bénéficiant de la confiance d'Emmanuel Macron, quelqu'un de fiable vis-à-vis de Darmanin avec qui elle forme un vrai binôme. Et puis elle est allée sur le terrain, a fait le parcours du GIGN sans caméra, a rencontré les syndicats policiers sur la question du suicide, ne dit jamais non à un événement, comme l'anniversaire d'Orphéopolis consacré aux orphelins de la police ou à une immersion avec la gendarmerie… Ici, elle a rapidement gagné le respect de tous», témoigne un préfet.

De son côté, la ministre souligne ne jamais avoir été victime de sexisme place Beauvau : «On m'a toujours aidée et soutenue, des préfets aux policiers en passant par les agents du ministère. Personne ne m'a rejetée parce que j'étais une femme.» Au point que *Challenges*, sous la plume de Nicolas Domenach, titre : «Schiappa et sa nouvelle famille : la police». Il faut dire que l'institution se voit modernisée : plan de féminisation, illuminations orange de la cour Beauvau en l'honneur des femmes et en présence de Miss France pour le 25 novembre, remises de prix pour les policiers et gendarmes qui s'engagent contre les violences faites aux femmes, création d'un nouveau statut dédié aux intervenantes sociales dans les commissariats, formation de plus de 100 000 policiers à la lutte contre les violences conjugales, instauration d'un bureau de la laïcité, décret signé pour la naturalisation de 12 000 travailleurs étrangers durant le confinement afin de leur permettre de devenir citoyens français… Si elle apparaît moins dans les médias, elle «délivre», comme on dit à l'Élysée.

Ce qui lui vaut le soutien de Gérald Darmanin : «Marlène connaît ses dossiers et en impose parce qu'elle vous regarde toujours droit dans les yeux.» La ministre déléguée, elle, estime avoir beaucoup appris aux côtés du premier flic de France, politique à la fois humain et autoritaire (si besoin). «C'est le premier des ministères sociaux », lui répète souvent le maire de Tourcoing pour souligner à quel point le social lui tient à cœur. À dix-huit ans, Marlène se rêvait gendarme pour défendre la veuve et l'orphelin – elle en avait même préparé le concours ! Qui aurait deviné que, vingt ans plus tard, elle deviendrait l'une de leurs ministres ?

21

Sous le feu des critiques

Si ses deux filles sont vraisemblablement les plus fières de sa notoriété, elles sont aussi – et de loin – celles qui peuvent se montrer les plus affectées par les critiques dont elle fait l'objet. Surtout lorsque celles-ci s'avèrent, comme souvent, vulgaires, violentes, voire menaçantes. Longtemps, Marlène Schiappa a interdit aux petites d'aller fouiner sur Internet, de peur qu'elles tombent sur des articles, photos ou caricatures humiliantes qu'elles n'étaient pas en âge d'assimiler. Il faut dire que la masse de reproches, voire d'insultes, qu'elle reçoit, particulièrement sur les réseaux sociaux, ferait hurler n'importe lequel d'entre nous.

« C'est un véritable harcèlement, dénonce son amie Assia Benziane. Et si elle vous mentionne dans l'une de ses story Instagram ou sur son compte Twitter, vous aussi vous lisez ou recevez un flot de messages haineux. Ça m'est arrivé… et c'était extrêmement choquant. » Sa sœur Carla ne s'y fera jamais non plus. Quand Marlène est attaquée, elle se sent en première ligne. Les commentaires sexistes, gratuits, notamment, l'horripilent : « Au début, c'était réellement difficile. Je guettais tout ce qui pouvait être dit ou écrit sur elle. Je tapais son nom sur

Google pour voir les derniers articles la concernant. Quand je découvrais certains propos des réseaux, ça me faisait tellement de mal que je répondais à certaines personnes pour les calmer ! » Un jour, Marlène Schiappa apprend que sa sœur est en pleurs, inconsolable après avoir été confrontée pour la énième fois à des attaques violentes la visant. Elle l'appelle sur-le-champ. « Dès qu'elle a décroché, Carla s'est effondrée en sanglots. Elle ne comprenait pas l'image que certains avaient de moi. Elle trouvait cela d'une grande injustice, sachant bien que mon quotidien est de multiplier les réunions, de préparer des lois, de les faire voter… Et qu'il y a un travail de fond derrière. Sauf qu'au lieu de le souligner, certains médias préfèrent passer en boucle la fois où j'ai chanté dans un meeting. Forcément, ça n'aide pas… » Son père Jean-Marc souffre lui aussi du torrent de haine déversé contre sa fille aînée. Les premiers mois, les premières années même, l'homme, plutôt sanguin, entrait par moments dans des colères noires.

Une fois au gouvernement, Marlène Schiappa comprend qu'elle est capable de se défendre en saisissant un micro, mais également en saisissant les tribunaux si besoin. Elle décide donc de s'offrir les services d'une ténor du barreau, Julia Minkowski. À quarante ans, celle qui est également l'épouse de Benjamin Griveaux, ancien secrétaire d'État et porte-parole du gouvernement, est associée au prestigieux cabinet Hervé Temime depuis 2010. Considérée comme l'une des plus brillantes avocates de sa génération, elle défend notamment Jean-François Copé, Thierry Herzog (affaire Bismuth), feu Bernard Tapie, et certains médias comme le journal *Le Parisien*. Toutes les deux se sont rencontrées en 2017, durant la campagne présidentielle, lorsque Julia était chargée de coordonner l'axe justice du programme présidentiel d'Emmanuel

Macron. «Marlène m'a appelée la première fois lorsqu'elle était la cible d'une internaute agressive qui lui en voulait personnellement depuis l'époque de Maman travaille. Ses officiers de sécurité avaient jugé que ça commençait à devenir sérieux et lui avaient conseillé de se tourner vers un avocat», raconte la femme de loi.

Très attentive, la secrétaire d'État ne laisse, depuis, rien passer. Fin 2020, elle installe Bodyguard sur son smartphone, une application censée bloquer tous les commentaires haineux et insultants... En mars 2021, acculée par des vagues de propos d'une virulence parfois inouïe, elle finit par déposer plainte et interpelle le géant Twitter afin qu'il réagisse. Soulignant le fait que son engagement politique «ne saurait justifier les raids numériques» et le «cyberharcèlement», elle choisit de rendre son compte privé, chose assez rare pour une personnalité publique.

La justice? C'est en 2019 qu'elle y fait appel après avoir reçu des monceaux de messages violents suite à l'opposition publique qu'elle a opposée à la création d'une cagnotte en ligne destinée à soutenir Christophe Dettinger, le «boxeur» des Gilets jaunes.

Forcément aux premières loges, son mari Cédric trinque lui aussi. «Au début, je dois avouer avoir mal vécu cette situation. D'autant qu'il s'agissait souvent de propos abominables sur sa voix, sur son physique... mais jamais liés aux idées ou aux propositions politiques, comme par hasard. Il y a un machisme difficile à comprendre au XXIe siècle!» Reste que pour Alexandre Dimeck-Ghione, l'un de ses amis du Mans devenu l'un de ses plus proches conseillers, cet acharnement ne l'a jamais réellement atteinte et l'aurait même rendue plus forte : «Marlène a imposé une manière et un style de faire de la politique. La violence qu'elle a reçue en retour est absolument hallucinante. Cette méchanceté, ce cynisme, cette haine, sincèrement, sont délirants ! Mais là où certains se seraient effondrés, elle a pris une épaisseur supplémentaire. On peut dire qu'elle a et le bouclier et le glaive. »

La résistance ne la rend pas pour autant imperméable aux caricatures les plus cruelles, surtout lorsqu'elles sont guidées par une réelle envie d'intimidation. Depuis qu'elle a mis un pied dans la lutte contre le terrorisme, des photomontages nauséabonds sont apparus. « J'en ai découvert un avec ma tête entourée de kalachnikovs, un autre avec mon corps décapité, recouvert de sang et ma tête à côté », s'indigne-t-elle.

Même chose quand, en pleine crise des Gilets jaunes, elle est agressée, presque physiquement, en pleine nuit. Un événement qu'elle choisit aussitôt de relater et de dénoncer *via* ses réseaux. « Nous dormions, mon mari, nos deux enfants, une amie de notre fille cadette venue pour le week-end, et moi-même chez nous, au Mans. Peu avant 1 heure du matin, nous avons été violemment tirés du lit par une quarantaine de Gilets jaunes furieux qui ont déboulé sous nos fenêtres en hurlant des slogans agressifs, des menaces de mort, en jetant des pétards vers la maison avec des outils, sifflets, cornes de brume, etc. Les enfants, tirées du sommeil, se sont levées en pleurant et en criant et sont venues en courant car je vous laisse imaginer l'effet sur des enfants endormis des détonations couplées aux bruits sur les portes et fenêtres, et les : "Schiappa, on est venu te crever !" » Pour elle, la ligne jaune a été franchie : on ne touche pas à ses enfants.

Certes, elle n'est pas la seule à avoir été attaquée à domicile à cette période. La députée vendéenne Patricia Gallerneau a par exemple découvert, un matin qu'un mur de parpaings avait été érigé devant son domicile ! Mireille Robert, députée de l'Aude, a vu de son côté une quarantaine d'intrus pénétrer, casqués et cagoulés, sur sa propriété, allumant un feu tout en proférant des menaces. Quant à Benjamin Griveaux, il a carrément fallu l'évacuer de son ministère tandis que des manifestants embrasaient un barbecue devant sa maison de campagne ! De fait, quand Marlène Schiappa découvre, en janvier 2019, acte XI des Gilets jaunes, un mur sur lequel est taguée l'inscription « Schiappa au bûcher », elle réagit *via* son compte Twitter en ces termes : « Brûler vives des femmes que certains jugent trop libres, au feu, à l'acide. Récurrence de la haine contre les femmes... » Une défense sur laquelle un membre de l'opposition ironise : « Elle a la fâcheuse tendance de dégainer ses réseaux pour se victimiser dès qu'elle le peut... Elle est exposée, voilà tout. Et quand un mouvement de cette ampleur prend forme, ceux qui nous gouvernent sont en première ligne. Rien de plus normal à cela... »

Un point de vue que ne partage pas son avocate, qui rappelle notamment les attaques d'une violence inouïe qui ont visé la secrétaire d'État au moment du projet de loi sur l'âge du consentement sexuel. À l'époque, après des semaines de débats, notamment autour de la question de l'âge à partir duquel on considère qu'un mineur a pu consentir à un acte sexuel, Marlène décide de le fixer à 15 ans. À partir de cet âge, les juges doivent prouver, pour qualifier un viol, que le majeur a abusé de la vulnérabilité de la victime afin de lui imposer un rapport sexuel. Sauf que, dans ce laps de temps, la porte-parole du projet devient la cible du pire. « Elle a reçu des choses vraiment atroces... comme de personnes qui voulaient s'en prendre à sa famille », rappelle Julia Minkowski.

Selon l'auteure de *L'avocat était une femme*[1], si Marlène Schiappa est, de loin, le membre du gouvernement le plus ciblé par des assauts, elle le doit en partie à son style, résolument moderne, et à son franc-parler : « Aux yeux de certains, elle ne ressemble pas à une ministre. Ils en tirent donc la conclusion qu'elle n'en est pas vraiment une. Par ailleurs elle incarne une femme de pouvoir, puissante, avec un sens de la repartie assez exceptionnel, ce qui peut décontenancer beaucoup d'hommes… » Mêmes causes, et probablement mêmes conséquences concernant l'hypersexualisation dont elle fait l'objet depuis son entrée au gouvernement, et que dénonce son proche conseiller et ami Alexandre : « Les montages pornos que j'ai vu passer sur Twitter à une période étaient vraiment terribles… Mais j'ai été particulièrement choqué le jour où elle a expliqué que si elle détachait ses cheveux, les gens ne l'écoutaient plus. Alors que si elle arborait un chignon, ils restaient plus concentrés. Et ça, ce n'est pas possible. »

Marlène Schiappa est clivante, elle le sait. Même si sa résistance aux critiques est une force, elle a ses limites. Son entourage aussi.

1. Julia Minkowski, Paris, Jean-Claude Lattès, 2021.

22

Reine de la com'

L'anecdote souligne peut-être une certaine candeur, ou une volonté de casser les codes d'emblée… au moins, elle mérite d'être rappelée. Le 17 mai 2017, alors qu'elle vient d'être nommée au gouvernement, Marlène Schiappa accepte de répondre aux questions de France Info. Pourtant, ce n'est pas dans les locaux de son ministère ou dans une brasserie chic du triangle d'or parisien qu'elle donne rendez-vous aux journalistes… mais au McDonald's ! « Je suis avec les enfants. On voulait manger quelque chose et faire au plus rapide pour pouvoir travailler… Il y a mon agenda, des cahiers, et des smartphones, je travaille en même temps qu'on grignote avec eux », explique-t-elle à l'équipe, plutôt interloquée, venue l'interviewer.

Le ton est donné. D'entrée de jeu, la femme politique sort des sentiers battus et compte y rester ! « Marlène est la ministre *girl next door*, la maman qu'on croise à la sortie de l'école. Elle incarne la réussite près de chez vous, celle de la personne accessible. Elle ne joue pas à la personne normale, elle l'est », souffle un conseiller gouvernemental.

Au fil du quinquennat, le personnage, l'animal médiatique même, qu'elle devient se fait aussi plus clivant.

Ce qui lui vaut un record des unes de magazines pour le gouvernement : seule ministre à avoir fait la couverture de *Elle* depuis Christiane Taubira, elle a aussi fait plusieurs fois celle du *Parisien*, du *Parisien magazine*, de *L'Hémicycle*, de *FémininBio*. Elle est marraine du *think tank* de la revue *Marie-Claire*, a aussi décroché la palme de l'invitée politique la plus conviée dans les émissions matinales en 2018, 2019, 2020 !

Résultat, on l'adore ou on la déteste. Car cette envie, cette boulimie presque, d'occuper le terrain médiatique à outrance, si elle peut en fasciner certains, a aussi le don d'en exaspérer beaucoup d'autres… À ses yeux, qu'importe : elle trace sa route. Comme déjà à l'époque de Maman travaille. Sans regarder dans le rétro ni s'épuiser à jouer des coudes avec les médisants.

« Les gens l'écoutent. La manière dont elle parle de certains sujets étant très forte, ça marche. Elle crève l'écran ! Une qualité très rare en politique. Et elle tient la promesse initiale d'En marche : faire les choses différemment… » analyse Benjamin Griveaux. Car Marlène Schiappa est ministre, certes, mais une ministre qui s'exprime comme elle l'entend et quand elle l'entend. Peu importe ce qu'en pensent les journalistes et même les autres ministres.

Selon une source anciennement proche d'Édouard Philippe, Marlène se serait même, dès le départ, affranchie de quelques règles élémentaires, édictées à Matignon car essentielles à la communication cohérente du pouvoir. « Très tôt, elle a eu la fâcheuse tendance de donner des interviews à sa guise, sans passer par le service de relecture du Premier ministre, ce qui est normalement la consigne à appliquer par tous les membres du gouvernement. Ou alors elle s'y pliait à la dernière minute…

comme par hasard, mais c'était déjà trop tard et rien ne pouvait être modifié. » Et au vu de la masse d'entretiens qu'elle accorde dès sa nomination, les membres du service com' du Premier ministre ont vite matière à se faire des cheveux blancs ! « À Matignon, les premières semaines, ils regardaient la télévision en se rongeant les ongles quand elle passait. Comme la fois où elle a évoqué l'ouverture de la PMA à toutes les femmes en direct chez Jean-Jacques Bourdin », se souvient un ancien.

Mais n'est-ce pas aussi ce qui fait son charme aux yeux de certains, et qui la rend proche des gens ? Insatiable, elle multiplie ses passages sur les plateaux télé, les radios, les podcasts, s'épanche sur les réseaux sociaux. Seul hic, à force d'être partout et tout le temps, au goût de beaucoup, elle sort trop souvent de son périmètre. « On l'a vue évoquer des sujets qui n'avaient pas encore été arbitrés… Elle a, en outre, un côté un peu pirate qui lui a valu des embrouilles avec d'autres membres du gouvernement, ayant fait des annonces sans la moindre coordination avec eux. Ça s'est notamment parfois très mal passé avec Nicole Belloubet et Muriel Pénicaud. Et le conseiller chargé de faire la police entre les ministres à Matignon a dû la rappeler à l'ordre », poursuit notre source. Respectivement ministre de la Justice et ministre du Travail sous Édouard Philippe, ces deux femmes se sont en effet plaintes à plusieurs reprises auprès de l'entourage du Premier ministre de l'action médiatique de Marlène Schiappa.

Comme en 2019, dans le sillon de l'affaire Epstein, lorsque la secrétaire d'État à l'Égalité femmes-hommes et Adrien Taquet, chargé de la Protection de l'enfance, publient un communiqué réclamant l'ouverture d'une enquête en France. Puis quand, par la suite, la première réclame aussi la saisie de l'appartement parisien du même Epstein. Non consultée en sa qualité de garde des Sceaux, Nicole Belloubet voit rouge. On empiète sur son territoire, ses prérogatives, et un membre du gouvernement ne peut intervenir dans un dossier judiciaire. Volonté de montrer qu'aucun terrain n'est tabou? Quelques mois plus tôt, le journal *L'Opinion* avait publié en une un dessin montrant Marlène Schiappa, cheveux longs et débridés comme des lianes, enlaçant Nicole Belloubet pour l'étouffer. En cause, la loi qu'elles portaient toutes deux mais qui est devenue… «loi Schiappa»!

Idem quand elle annonce, en juin 2020, sur les ondes et plateaux qui lui tendent un micro, la volonté du gouvernement de prolonger le congé paternité. Muriel Pénicaud, responsable du sujet, a clairement l'impression de se voir couper l'herbe sous le pied par une secrétaire d'État qu'elle estime désormais incontrôlable. Pourtant, les sorties de cette dernière étaient calculées. «J'avais proposé de nombreuses fois que l'on prolonge le congé paternité, c'était déjà une revendication de mon association Maman travaille. Mais je me heurtais aux refus de conseillers en interne. J'ai donc été obligée de faire une OPA hostile pour y arriver», explique-t-elle dans un podcast sur l'engagement. Deux mois plus tard, le président de la République lui donnera raison en annonçant un prolongement d'un mois.

Autre accroche lorsque la ministre du Travail s'oppose à la création d'un congé pour deuil d'enfant et qu'au cours des débats au Palais-Bourbon, il est avancé que cela coûterait trop cher aux entreprises… Marlène réagit en tant que présidente de Maman travaille et voit rouge. Quand elle demande des comptes au ministère du Travail, on la renvoie dans ses cordes. Elle fonce alors chez BFM pour affirmer : «Je souhaite que le gouvernement revoie sa position. Faire le deuil de son enfant décédé ne devrait jamais être une question financière. » Ce propos lui vaut des centaines de textos de soutien. Même le Medef (Mouvement des entreprises de France) lui donne publiquement raison. Matignon, évidemment, s'agace. Mais, vingt-quatre heures plus tard, le président de la République demande au gouvernement, *via* un communiqué, de revoir sa position. Une fois de plus, Marlène a été accusée de communiquer contre celui-ci, trop fort, trop tôt ; mais, une fois de plus, Emmanuel Macron lui-même est allé dans son sens sur le fond.

Les mois qui suivent, le ministère du Travail ne lâchera plus Marlène, multipliant les off négatifs sur cette jeune collègue, bientôt rejoint par l'entourage d'Agnès Buzyn, chargée de la Santé, qui ne supporte pas cette collègue de vingt-cinq ans de moins qu'elle qui prend toute la lumière. Auprès de son équipe, celle-ci s'épanche souvent lorsque, ouvrant les journaux, elle y découvre une photo de la secrétaire d'État. L'agacement va si loin qu'en février 2020, les ministères du Travail et de la Cohésion des territoires organisent une réunion pour dévoiler aux journalistes une enquête sur les discriminations au sein de l'entreprise et zappent totalement Marlène, qui avait pourtant travaillé sur cette étude, sa feuille de route incluant la lutte contre les discriminations… Furieuse, elle appelle aussitôt Matignon pour demander à être associée à l'événement. Ambiance. « Franchement, à une période deux-trois femmes ministres plus âgées se sont liguées contre elle en lui reprochant de bien réussir à mener sa barque tandis qu'elles avaient du mal politiquement. Il s'agissait de pure jalousie. Les journalistes nous répétaient ce qu'elles ou leur entourage disaient. Une attitude qui ne leur a pas porté chance », se souvient un ancien conseiller de celle qui est restée au pouvoir.

Avec la ministre de la Culture Françoise Nyssen, les tensions ont été similaires et tout aussi palpables. Dans son livre *La politique est un métier*[1], le journaliste politique Michaël Darmon rappelle un épisode affligeant. À l'occasion de la cérémonie des Césars, le 2 mars 2018, en pleine crise #MeToo, les organisateurs convient la secrétaire d'État chargée de l'Égalité femmes-hommes parce qu'elle s'est mobilisée avec eux pour que la soirée bénéficie à une association de femmes. Mais l'édile de la rue de Valois exige d'être la seule ministre présente et s'oppose catégoriquement à la présence de sa consœur. Il faudra l'intervention de Tonie Marshall pour que la secrétaire d'État reçoive un carton d'invitation, à la dernière minute. Nouvelle mesquinerie, la même ministre exige alors que Marlène soit au 31e rang, derrière les politiques, derrière les acteurs même, avec les partenaires extérieurs. « Sinon on ne filmera qu'elle et personne ne verra Françoise », commente un conseiller de la Culture.

La scène se répète au festival de Cannes. Comme Marlène Schiappa a monté un partenariat contre les violences sexuelles au sein du festival, elle est conviée par Pierre Lescure et Thierry Frémaux, ses deux organisateurs. Colère de Françoise Nyssen qui appelle, furieuse, l'Élysée. En vain : la secrétaire d'État a déjà déjeuné avec eux en compagnie de Brigitte Macron, repas au cours duquel est née l'idée d'un dîner réunissant les acteurs et le monde du cinéma autour du président de la République ! Laura Smet, Jean Dujardin, Virginie Efira, Claude Lelouch… se retrouvent donc dans un beau salon de l'Élysée avec la ministre de la Culture… et la jeune impétueuse. « À ce moment, on a pensé qu'elle allait être nommée ministre de la Culture tant elle parlait aux

1. Paris, Éd. de l'Observatoire, 2019.

cinéastes avec aisance. Il faut dire qu'elle a un livre en cours d'adaptation au cinéma et connaît plusieurs personnalités personnellement», souffle un ancien de l'Élysée. Une guerre n'étant jamais perdue, le cabinet de Françoise Nyssen persiste et appelle les organisateurs de Cannes pour exiger que Marlène Schiappa ne monte pas les marches mais qu'elle attende la ministre en haut de celles-ci, derrière un paravent, dans les coulisses, donc, mais aussi qu'elle soit installée dans un hôtel moins prestigieux que le sien. Des caprices qui, aujourd'hui encore, font lever les yeux au ciel des organisateurs et démontrent la fébrilité de celles qui, n'ayant pas fait de Marlène une alliée, voyaient sa simple existence comme une menace.

Au-delà du manque évident d'atomes crochus entre Marlène Schiappa et les trois ministres évoquées, ces anecdotes soulignent un trait de caractère essentiel de la recrue du président, qu'analyse notre source à Matignon en ces termes : «En politique, il y a ceux qui chassent seuls et ceux qui chassent en meute. Marlène Schiappa appartient très clairement à la première catégorie.» Gérard Davet et Fabrice Lhomme, dans leur livre *Le Traître et le Néant*[1], expliquent : «Il y a en Macronie la bande de la Planche qui travaillait avant avec DSK, la bande de Poitiers, la bande des hauts fonctionnaires. Marlène Schiappa n'appartient à aucun univers, elle n'est d'aucun clan, c'est sa grande force.» Mais à Matignon au temps d'Édouard Philippe, on estime que «le problème est qu'elle le fait souvent, *via* les médias, sur des territoires qui ne sont pas les siens. Au risque de se friter avec les uns et les autres… Cela étant, Emmanuel Macron, et Édouard Philippe à l'époque, préfère largement une

1. Paris, Fayard, 2021.

personnalité indisciplinée mais qui se bat, comme Marlène, que l'inverse ».

Une position claire lors de la mise au point des différents gouvernements. Françoise Nyssen a quitté son poste en octobre 2018, Muriel Pénicaud et Nicole Belloubet ont été écartées en juillet 2020. Là où Marlène, elle, a été promue. Du côté de Matignon, à ce moment-là, même si sa personnalité peut diviser, horripiler même, elle est clairement considérée comme *la* révélation médiatique du quinquennat. « Elle a su trouver un ton, loin de la sempiternelle langue de bois. Du coup, elle est devenue celle capable de s'emparer d'un combat et de l'incarner. Quand elle dit sur BFM : “Matignon, ce n'est pas un self-service pour tancer les Gilets jaunes qui ont posé un lapin”, ou quand elle va débattre face à Zemmour sur CNews, première ministre à le faire, pour un président et son Premier ministre, cela n'a pas de prix. » Même son de cloche du côté de l'Élysée.

Si son omniprésence médiatique l'a clairement amenée à déborder de son couloir, au fil du quinquennat, elle a appris à se policer : « C'est vrai qu'elle a pu agacer, surtout lorsqu'elle n'a pas prévenu certains collègues d'interventions sur des sujets censés leur appartenir... Mais, en politique, toutes les volontés sont bonnes à prendre. D'autant qu'elle a progressivement gagné en collégialité. Aujourd'hui, elle ne commet plus les mêmes erreurs... » De fait, depuis la nomination de Jean Castex et son arrivée à Beauvau, la ministre a multiplié les communications collectives, bien conseillée en ce sens par l'équipe de l'Élysée. Éric Dupond-Moretti ou Roselyne Bachelot, par exemple, font des déplacements avec elle et tous s'entendent comme larrons en foire. Elle est en outre protégée par Gérald Darmanin, qui n'hésite pas à décrocher son téléphone si un ministre s'avise d'empiéter sur le portefeuille de sa ministre déléguée.

En haute sphère, à l'heure de distribuer les bons et mauvais points, et de préparer un second mandat éventuel, même ceux qui ne sont pas amateurs du style Schiappa reconnaissent qu'elle fait partie des figures marquantes du quinquennat. Une majorité des Français ignorent le nom de nombre de ministres qui repartiront, comme ils sont venus, dans l'anonymat, alors que le sien imprime. Même Pascal Praud, la star de CNews pas toujours tendre avec les politiques dans son émission *L'Heure des pros*, partage l'analyse : « Il y a une chose très simple pour s'en apercevoir. Si vous sortez dans la rue pour demander aux gens de nommer les ministres du gouvernement… je serais curieux de savoir combien ils en citent ! À mon avis, très peu. Mais parmi eux, Marlène Schiappa arrivera dans le trio de tête. Sur les trois gouvernements successifs de Macron, je pense même qu'elle fait partie de cinq personnes identifiées. Si elle sort dans la rue, les gens la reconnaissent tout de suite. Pas sûr que ce soit le cas d'une Élisabeth Borne, qui est pourtant une ministre importante… »

En matière de com', il est important de souligner que Marlène Schiappa a plus d'une fois pris le contrepied de la parole gouvernementale. Sans franchir la ligne jaune, mais suffisamment pour en irriter plus d'un.

À commencer par la perception et (surtout) le traitement de la crise des Gilets jaunes. Sa curiosité et son intuition contrastent alors fortement avec l'état-major de Matignon qui méprise le mouvement, convaincu que la grogne retombera comme un soufflet. Pas elle, qui essaye de comprendre et privilégie la rencontre comme réponse. C'est à cette période qu'elle se rend par exemple chez

Hanouna sur C8 pour entamer le dialogue. Son passé associatif étant précieux pour capter l'humeur du pays, elle pense sa présence utile. La prestation est jugée comme un coup d'épée dans l'eau, mais au moins a-t-elle eu le mérite d'exister. Julia Minkowski constate : « Il y a des ministres tellement prudents dans leur façon de communiquer que l'on ne sait jamais ce qu'ils pensent sur quoi que ce soit. Leur rôle n'est pourtant pas celui d'un directeur de cabinet. Pour être entendus, ils doivent au contraire entrer dans le débat public, quitte à être critiqués. Une nécessité que Marlène Schiappa a acceptée dès le départ... »

La volonté d'incarner au maximum les causes qu'elle défend l'amène à ne négliger aucun lectorat, aucun auditeur, aucun téléspectateur. Loin des modes de communication des autres ministres un peu hors-sol, qui ne jurent que par la double d'ouverture du *JDD* et l'ensemble d'une presse que l'on pourrait qualifier de premium, mais qui, hélas, ne parle guère au plus grand nombre, elle apprécie de sortir des canaux classiques et fonctionne au feeling. Elle répond à *Valeurs actuelles*, parle à la presse populaire, à la presse féminine, et même à la presse people, comme au magazine *Closer* auquel elle a déjà donné deux interviews.

C'est d'ailleurs dans cette optique de s'adresser au plus grand nombre qu'elle accepte, en janvier 2019, de coanimer l'émission *Balance ton post!* aux côtés de Cyril Hanouna, l'idée étant, dans le cadre du Grand Débat national, de dégager des propositions concrètes émises par des Français. Selon la star de C8, c'est elle-même qui était à l'origine de cette étonnante collaboration. Pendant plus de plus de trois heures, Marlène Schiappa, malgré une angine, a mené la danse en plateau et fait émerger plusieurs propositions du public, comme le passage d'une TVA à taux zéro sur les produits de première nécessité, l'augmentation du budget des hôpitaux et le retour de l'impôt sur la fortune. Les jours qui suivent la prestation, les critiques déferlent. Cinq cents sénateurs la huent, lui lancent des insultes du seul fait de sa participation à cette émission, tandis que, sur le banc du gouvernement, des ministres se gaussent. Mais elle ne se démonte pas. Deux mois plus tard, sur l'antenne de la très sérieuse chaîne *Public Sénat*, elle va plus loin en adressant un pied de nez à ses détracteurs. « Si vous voulez faire parler d'un sujet politique, il faut mettre Cyril Hanouna dedans », lâche-t-elle, tout en se félicitant de l'excellente audience réalisée.

« En allant dans ce genre d'émissions, elle décrédibilise, voire elle ridiculise la fonction », peste un membre de l'opposition. Mais pour Alexandre Dimeck-Ghione, proche conseiller et ami de Marlène, c'est tout l'inverse. « La première fois qu'elle se rend chez Hanouna, c'est parce qu'elle a particulièrement envie d'aborder la loi sur le harcèlement et le cyberharcèlement, dit-il. Et elle est convaincue que ce public est une cible concernée et touchée par la problématique. Elle ne perd pas de temps à se demander si ça va écorner son image, elle le fait parce qu'elle juge sa présence utile. » Un an après, presque jour pour jour, malgré le fait d'avoir été brocardée par plusieurs dizaines d'élus de la République, elle persiste et signe. En février 2020, elle retrouve Cyril Hanouna et sa bande de chroniqueurs, cette fois dans le cadre d'une émission consacrée aux discriminations. En plateau, pour illustrer son propos et porter sa cause, elle n'hésite pas à prendre son propre exemple : « Quand j'ai été nommée au gouvernement, beaucoup de gens ont tapé : "Marlène Schiappa origines". Ils se sont dit : "Qu'est-ce que c'est que cette fille ? Elle a des cheveux un peu frisés." J'avais la peau mate… » En évoquant son apparence, elle révèle avoir souvent été traitée de « sale Juive » et de « sale Arabe », parfois en pleine rue. Ce qui, selon un journaliste spécialiste des médias, exaspère ses confrères politiques : « Ils sont jaloux, dit-il. Quand elle parle de sexisme, de harcèlement ou de racisme, pour elle, c'est du vécu, pas des rapports et des chiffres ! Elle a une expérience du terrain que la plupart n'ont pas et n'auront vraisemblablement jamais. » Cette audace conjuguée à son aisance devant la caméra ou derrière un micro lui fait cocher l'ensemble des cases de l'excellente communicante. « Tout le monde sait que Marlène serait une bonne chroniqueuse télé ou radio. Là où les ministres en général font du media training toute leur carrière pour progresser, avec des résultats parfois risibles », poursuit la même source.

Passé notamment par France 2, I-Télé et Europe 1, le journaliste politique Michaël Darmon a décrypté le quinquennat à travers deux ouvrages, *La politique est un métier*[1], et *Les Coulisses d'un règne*[2]. Et se dit bluffé par l'aisance et le culot de la nouvelle venue. « C'est la plus macronienne des nouvelles figures qui ont émergé au cours de ce quinquennat car elle n'hésite jamais à casser les codes. Ce n'est pas pour rien qu'elle a été la première à assumer d'aller dans l'émission de Cyril Hanouna. Cela a créé autant de buzz que de polémiques, mais elle a su tenir un discours très précis : “Les jeunes ne regardent pas le 20 heures et n'écoutent pas la radio… ceux qui ne votent pas et qui se désintéressent de la politique regardent Hanouna, alors pour m'adresser à eux, je dois faire cette émission.” Et, depuis, tous les politiques ont suivi ! Marlène Schiappa a balisé le terrain… »

1. *Op. cit.*
2. Paris, Éd. de l'Archipel, 2021.

Dans les couloirs de l'Élysée comme de Matignon, il est admis que la ministre déléguée est une pionnière en la matière. La plupart se félicitent aujourd'hui de son initiative, tant le plateau de Cyril Hanouna est devenu la tribune privilégiée des Gilets jaunes pendant la crise. Et les ministres qui se gaussaient à l'époque y sont tous passés, de Jean-Michel Blanquer à Élisabeth Borne… « L'animateur s'est, en quelque sorte, transformé en l'un des porte-parole des invisibles, de tous ceux qui sont tant déconnectés des sphères dirigeantes, en créant une nouvelle forme de télévision. Marlène est la première à avoir osé faire le lien », souffle un parlementaire. « D'autant qu'elle est une immense bosseuse ! Je ne l'ai jamais vue se rendre à une émission sans l'avoir parfaitement préparée », ajoute Benjamin Griveaux.

La ministre déléguée ne se contente pas de cette première victoire par KO sur tous ceux qui se bouchaient le nez quand elle associait son nom à celui du trublion de C8. Interrogée par le magazine *M, le magazine du Monde*, en avril 2021, dans un portrait consacré à l'animateur, elle va beaucoup plus loin. En évoquant la présidentielle qui approche, elle suggère qu'il en devienne l'un des personnages clefs : « C'est lui qui devrait coprésenter le débat de l'entre-deux-tours parce qu'il a été l'un des premiers à prendre au sérieux le mouvement des Gilets jaunes. C'est quelqu'un de brillant, qui connaît la société française. » Nouveau coup de tonnerre dans la sphère politique… qui ne s'attendait pas à une telle sortie ! Du Marlène dans le texte. Pour Pascal Praud, la méthode Schiappa dénote autant qu'elle décoiffe : « Ceux qui sont habitués à un monde politique lisse, carré, et plus institutionnel peuvent être décontenancés par elle. Le mot "clivant" est probablement celui qui la définit le mieux. Elle ne fait pas l'unanimité, c'est certain. Elle n'a pas fait l'ENA et a un parcours différent mais elle réussit à sortir de l'anonymat. »

Même si la probabilité qu'une telle idée aboutisse est faible, on peut constater que le propos lâché dans un article de plusieurs pages ne fait pas l'effet d'un coup d'épée dans l'eau. Car dans les mois qui suivent, celui qui était encore voilà peu aux antipodes de ce type de programmes annonce préparer une émission politique ! « Il y a peu de chance que Marlène Schiappa ait balancé ça par hasard, analyse un proche de la bande d'Hanouna. Même si le projet n'était pas ficelé en tant que tel, il devait y avoir des discussions. » En fin d'année 2021, Cyril Hanouna décide de dévoiler dans les colonnes de *Paris Match* les contours de son nouveau bébé. On apprend que l'émission est baptisée *Déjà, à vous de voter*, et qu'elle met en scène un candidat interrogé sur son programme face à quatre éditorialistes renommés et 200 Français munis d'un boîtier afin de voter en direct, pour ou contre, les propositions avancées. Une véritable émission politique, conjuguée à la culture du show de l'animateur.

Dans le même temps, Cyril Hanouna publie *Ce que m'ont dit les Français*[1], une sorte de témoignage coécrit avec l'éditorialiste Christophe Barbier, au sein duquel il raconte sa vision de la France de 2022, une initiative qu'il justifie ainsi *via* une note publiée sur le site de l'éditeur : « En douze ans, *Touche pas à mon poste !* a évolué : d'un show de divertissement, nous l'avons transformé en une émission de société… » Le message est clair : Hanouna a changé de cour et il veut que cela se sache. Le tout, bien aidé par le soutien de Marlène Schiappa, ce que d'aucuns applaudissent et d'autres le dénoncent… mais qui était bien mal embarqué au départ.

1. Paris, Fayard, 2021.

La première rencontre entre Cyril Hanouna et Marlène Schiappa remonte à 2017, peu après le triste canular homophobe réalisé en direct par l'animateur. Des milliers de personnes viennent de saisir le CSA, choquées par plusieurs séquences dans lesquelles des homosexuels se font piéger, et relativement humilier, par une fausse petite annonce. Le bad buzz est immense, et Marlène Schiappa, fraîchement nommée secrétaire d'État, s'en empare. Hanouna est carrément convoqué. Dans *L'Obs*, elle détaille en ces termes la teneur de leur entretien : « Cela me semblait très important de pouvoir lui parler après ce canular homophobe, mais aussi après les précédents d'agressions sexuelles qui se sont produites sur son plateau. Je lui ai dit d'abord que je respectais son travail et le travail des équipes de production, et que j'étais là pour dialoguer avec lui et faire de la pédagogie. Ensuite, je lui ai remis le rapport "SOS homophobie 2017" pour qu'il puisse avoir des retours sur ce qu'est réellement l'homophobie dans la vie quotidienne. Je lui ai surtout remis un texte de rappel à la loi et lui ai lu les condamnations qui sont encourues. » Mais ce qui doit initialement être un recadrage devient vite une conversation constructive entre deux personnalités qui se comprennent et qui, finalement, s'apprécient !

De cette rencontre naît une relation riche d'échanges réguliers, allant jusqu'à une certaine forme d'amitié. Progressivement, Marlène devient donc l'ambassadrice du talent d'Hanouna. Et réciproquement. Dans l'article de *M, le magazine du Monde*, elle regrette qu'il soit de « bon ton de cogner sur lui », soulignant que cela « relève du mépris de classe ». Une volte-face pas toujours comprise, et qui lui vaut, encore aujourd'hui, nombre d'inimitiés. Mais aussi des soutiens ! Comme ce jour de campagne où elle arpente le marché des Batignolles avec Stanislas

Guerini et où un fleuriste se rue sur elle pour lui offrir un bouquet. « Je suis fan de *TPMP* ! », lance-t-il.

De fait, dans la rue, elle ne peut faire trois pas sans qu'on lui demande un selfie, qu'elle accepte toujours de bonne grâce. La ministre qui peut diriger des cellules de crises interministérielles sait aussi répondre d'un bon mot, sentir l'air du temps et, jusqu'aux *Grosses Têtes*, Laurent Ruquier loue son talent médiatique et son sens de la repartie. « Elle a compris que le plus important, c'est que l'on parle d'elle, même en mal… » conclut Pascal Praud, reprenant l'adage de Phineas T. Barnum : « *There is no such thing as bad publicity.* »

Si Marlène Schiappa revendique régulièrement le fait de ne négliger aucun public, aucun lecteur, aucun téléspectateur, certains considèrent parfois qu'elle n'a pas, ou (trop) peu de limites. L'un des derniers exemples en date est le bad buzz généré par une réunion organisée avec des influenceuses très célèbres dans leur domaine.

Dans la soirée du mercredi 8 décembre 2021, la ministre chargée de la Citoyenneté recevait en effet Magali Berdah, la grande prêtresse de la téléréalité, accompagnée de plusieurs stars des réseaux sociaux, connues pour s'être illustrées, notamment, dans l'un des programmes phares du genre : *Les Marseillais*. Parmi elles, Victoria Mehault, Isabeau Delatour et Maissane Aghioul, trois pétillantes jeunes femmes qui comptent chacune plusieurs centaines de milliers, voire plusieurs millions de followers sur Instagram. Un rendez-vous né des nombreux échanges entre Marlène et Magali, les semaines précédentes. « En discutant, on s'est aperçues que les dispositifs mis en place pour les femmes ne sont pas connus des jeunes filles. Or énormément d'entre elles, aujourd'hui, sont en proie à des violences. Elles ignorent, par exemple, qu'il existe des associations et des numéros d'appels d'urgence pour les aider», souligne Marlène Schiappa. Son objectif? Comme toujours, optimiser tous les canaux de communication qui s'offrent à elle. De fait, au cours de cette réunion, certaines découvrent que l'emprise qu'un homme peut exercer sur une femme se cache parfois dans des détails qui n'en sont pas. «Espionner le téléphone de sa compagne, c'est illégal», expliqua par exemple la ministre, à la grande surprise de plusieurs d'entre elles. Des invitées un peu particulières donc, mais qui possèdent une importante communauté que Marlène souhaitait ainsi toucher – n'en déplaise aux mauvaises langues. «Je suis la ministre de tous les citoyens et toutes les citoyennes, souligne cette dernière. Et les candidates de télé-réalité ne sont pas des sous-citoyennes.»

Sauf que des vidéos tournées par ces influenceuses à l'intérieur même du ministère, postées sur leurs réseaux, sont vite devenues virales. Où on les a vues chahuter, chanter, et s'amuser dans le saint des saints de la place Beauvau, attitudes qui contrastaient avec le sérieux supposé des lieux. Les médias s'en sont emparé aussitôt, dénonçant pour la plupart un mélange des genres qui, selon eux, n'a pas lieu d'être. Sur le plateau des *Grandes Gueules* de RMC, une commentatrice a parlé de spectacle «pathétique» et «affligeant».

Un procès que réfute Magali Berdah, la fondatrice de Shauna Events, première entreprise e-influenceurs de France, qui représente de nombreux artistes et célébrités de l'audiovisuel. Selon elle, un éclairage différent, et essentiel, se doit d'être apporté : «Il n'y avait rien de malsain, bien au contraire. On se plaint que les jeunes ne votent plus et ne s'intéressent pas à l'actualité, mais pour une fois que nous essayons de servir en quelque sorte de passerelle, tout le monde nous attaque ! Ces jeunes femmes et moi-même sommes suivies par des millions de personnes sur les réseaux. Des gens qui aiment notre légèreté et notre bonne humeur. Alors dans un ministère ou ailleurs, nous devons rester nous-mêmes. Si on nous transformait, ces personnes ne nous suivraient plus. »

Pour avoir été présent moi-même lors de cette réunion au ministère de l'Intérieur – cela correspondait à l'un de mes entretiens avec Marlène Schiappa –, je peux témoigner que, même si l'ambiance y était, certes, bonne et décontractée, la réunion n'avait rien d'une récréation. Les sujets abordés étaient importants, parfois graves, et les questions des influenceuses, comme leur écoute, des plus sérieuses. Entre la ministre et Magali Berdah, un échange évoquant la création d'un secrétariat d'État dédié aux réseaux sociaux a même débuté ce soir-là... Finalement, même si un bad buzz a entouré l'événement quelques jours durant, pour Marlène Schiappa visant à atteindre tout le monde, le coup ne fut pas si raté.

Un père corse, une mère d'origine italienne, une jeunesse passée dans les quartiers sensibles... On pourrait dire que Marlène a de quoi avoir le sang chaud ! Et quand les journalistes écrivent des contre-vérités ou, pire, lui cherchent des poux dans la tête, elle dégaine. Comme lorsque Laurent Delahousse perd ses nerfs, en juin 2021, au cours de la soirée consacrée aux élections régionales sur France 2. Alors en plein débat, Marlène et le socialiste Olivier Faure sont soudain sèchement interrompus par le présentateur des JT du week-end : « Ça faisait longtemps que je n'avais pas animé un débat politique, je commence à comprendre les Français de plus en plus... » Un dépassement de fonction qui n'est pas, mais alors pas du tout du goût de la ministre déléguée ! Au lendemain de l'émission, elle attrape son smartphone pour exprimer sa colère à une rédactrice en chef de France Télévisions, dans un SMS lesté à la dynamite : « C'était vraiment lunaire de m'entendre dire par Laurent Delahousse que je serais hors-sol. J'ai grandi en cité, j'ai été mère célibataire, je n'ai pas fait de grandes écoles, j'ai commencé à bosser à dix-sept ans. [...] Lui a sûrement du talent, mais me faire donner des leçons de démocratie en direct par un journaliste qui n'a pas été capable de poser une seule question claire à Édouard Philippe quand il l'a interviewé... et qui n'a jamais parlé de tout ce que l'on a proposé aux régionales pendant cette campagne, c'était assez déplaisant et pour tout dire assez peu professionnel. »

On peut juste dire que Marlène n'a pas été renvoyée dans ses vingt-deux par France Télévisions. En catimini, plusieurs journalistes lui ont apporté leur soutien. Dans les couloirs de France Télévisions, les jours qui suivent cet accrochage, certains s'interrogent. Laurent Delahousse se serait-il permis une réflexion de ce genre devant un poids lourd des socialistes ou des Républicains ? Beaucoup en doutent. En interne, l'épisode a suscité nombre de crispations. Si bien qu'il n'est pas impossible, désormais, que le présentateur y réfléchisse à deux fois avant de titiller de la sorte une personnalité politique venue débattre sur son plateau...

Si Marlène Schiappa est solide, a l'habitude de faire face aux critiques et ne refuse jamais le débat, elle a une sainte horreur des fausses informations publiées à son sujet. Et, en la matière, elle ne laisse rien passer.

Comme lorsqu'en juin 2021, *M, le magazine du Monde* publie un texte titré ainsi : « La laïcité, sujet de discorde entre Marlène Schiappa et son père, l'historien Jean-Marc Schiappa». Alors qu'elle a annoncé la dissolution de l'Observatoire de la laïcité, promis à être remplacé par un comité interministériel placé sous l'autorité du Premier ministre, le magazine croit bon de préciser que son père, connu pour y être opposé, a choisi de rejoindre la fronde. Le tout en se permettant une plaisanterie dès l'attaque du papier : «Une fois de plus, la fête des pères a dû être gâchée chez les Schiappa…» Autant dire que Marlène apprécie…

Selon elle, en plus d'être grossier, l'article est truffé d'inexactitudes. Au point qu'elle décide, avec l'aval de son père, d'envoyer une réponse à la direction du journal. Morceaux choisis : «Je ne suis pas persuadée que ma relation personnelle avec mon père regarde *M, le magazine du Monde*. Mon père était un militant politique du mouvement ouvrier et trotskiste bien avant ma naissance. […] Son père à lui, mon grand-père, avait créé un syndicat des forces ouvrières en Corse. […] Mon arrière-grand-mère, elle, organisait les bureaux de vote du village. Je dois beaucoup de ma passion pour la politique et pour les débats à l'éducation que mon père m'a donnée. Nous avons des désaccords, c'est certain… mais en 2021, surprise, les filles ne sont pas tenues de voter comme leur père ! Mon père et moi nous entendons à merveille, nous partons même en vacances ensemble, et nous ne méprisons pas les opinions de l'autre, bien au contraire, c'est la démocratie. Quelle tristesse de considérer que l'on doit cesser de s'entendre ou de s'aimer quand on ne vote pas pour les mêmes partis ! Je vous recommande de lire les articles, les ouvrages de mon père, car je pense que vous ne l'avez pas fait. Notamment sa biographie de Gracchus Babeuf. Je ne serai pas plus longue pour vous répondre car ce soir je m'occupe du dîner d'anniversaire de mon père. Une dernière chose, avoir un père est une chance et avoir un père exceptionnel comme le mien l'est encore plus. Mon père est une personne qui a des valeurs fortes de respect d'autrui, de solidarité, une immense culture générale. Les bisbilles de gens qui ne connaissent nos vies, ni à lui ni à moi, et qui cherchent à écrire des articles que même *Gala* n'oserait pas publier nous affligent et nous font sourire... » Personne ne le sait, mais Marlène est la première à pousser son père à s'investir encore plus en politique. Quand il a rejoint le camp de Jean-Luc Mélenchon, en décembre, la ministre ne l'en a non seulement pas dissuadé, mais elle l'a même encouragé à se présenter aux législatives ! Ce que l'intéressé a refusé catégoriquement, arguant en ce sens sur son compte Facebook qu'il n'est « la prise de guerre de personne ».

Malgré quelques incidents de cette nature, son lien avec les médias est d'ordinaire plutôt bon. Car elle manie aussi les SMS de félicitations ou de téléspectatrice. Fidèle de *C politique*, elle envoie en direct des messages aux chroniqueurs autour de la table. « Il faudrait passer plus de temps sur tel sujet » ... « L'invité monologue là, faites une relance ! » ... « Ce n'est pas assez interactif, vous devriez prendre des questions des téléspectateurs »... « Beau sujet, bravo ! » Les journalistes le prennent bien, car elle-même en rigole et leur dit : « Je sais, vous allez dire que je me prends pour votre productrice ! » L'un d'eux avance : « Marlène Schiappa est la meilleure avocate des journalistes, sûrement parce qu'elle a dirigé une agence de presse dans le passé, avant d'être ministre. Elle défend la liberté de la presse avec acharnement et elle aime sincèrement les médias. »

Voilà une scène assez surréaliste. Nous sommes le 25 novembre 2021 et, en plein direct de son émission, Cyril Hanouna reçoit un coup de téléphone de Marlène Schiappa. Il décroche, la voix de la ministre est aussitôt audible des invités comme des téléspectateurs. Préparée ou pas, la séquence ne tombe pas à un moment anodin. Le soir-même, à travers l'émission *Envoyé spécial*, sur France 2, plusieurs femmes accuseront Nicolas Hulot d'agressions sexuelles. Des accusations de la même veine que celles dont il a déjà fait l'objet, trois ans plus tôt, lorsque le magazine *Ebdo* exhumait une plainte de Pascale Mitterrand, remontant à 2008. Inévitablement, la question du rôle joué par celle qui était alors secrétaire d'État à l'Égalité femmes-hommes lorsque l'article a été publié va être posée. Notamment en raison d'une tribune de 2018 signée par Marlène, publiée dans le *JDD*, que certains ont considérée comme une marque de soutien à l'ancien présentateur vedette d'*Ushuaïa*. D'où le coup de fil à Hanouna, pour devancer le tsunami qui s'annonce.

En plateau, l'homme fort de C8 donne la parole à Marlène Schiappa. Celle-ci en profite pour rappeler que la jeune femme mise en avant dans l'article de *Ebdo* ne voulait absolument pas que l'affaire soit relatée, un élément déterminant selon elle. « S'il y a connaissance de crime, il faut que la justice s'en saisisse. Et c'est aussi ce que j'ai toujours dit. Il est fondamental que les femmes parlent et qu'enfin, on les écoute », déclare-t-elle néanmoins.

Le soir même, le sujet d'*Envoyé spécial* provoque une onde de choc considérable. Comme attendu, Marlène Schiappa se retrouve en première ligne. Critiquée, particulièrement sur les réseaux sociaux, pour la tribune comme pour être apparue aux côtés d'Hulot dans les jours qui suivirent la première affaire. Une image ressurgit, qui fait aujourd'hui enrager la ministre, notamment parce qu'elle n'est jamais allée s'asseoir à côté de l'écologiste à l'Assemblée, alors que lui s'est précipité pour venir poser entre elle et Brune Poirson ! La nuance mérite d'être soulignée. Jusqu'à cette affaire, l'ancien journaliste et la secrétaire d'État n'avaient d'ailleurs échangé ensemble qu'à trois ou quatre reprises, et n'avaient pas d'accointance particulière.

« Soutenir la parole des femmes ne veut pas dire vouloir remplacer les tribunaux par des plateaux TV », peste un conseiller gouvernemental en évoquant ce bad buzz autour de la ministre. Nul ne sait en outre si son coup de fil à Hanouna, en plein direct, a finalement servi à quelque chose, mais il signe la méthode Schiappa : elle n'est pas du style à attendre que les médias parlent pour elle et préfère, de loin, au risque de se tromper parfois, dégainer la première.

Elle peut aussi correspondre par le même biais avec certains journalistes politiques, déjeuner avec d'autres. En vérité, elle affiche un profond respect pour la profession. Peut-être parce qu'elle l'a elle-même exercée. Entre l'aventure Maman travaille et son étroite collaboration avec Yahoo !, elle a appris ce qu'était un article, un titre, un angle… et l'écriture, comme l'enquête, s'avère un exercice qu'elle sacralise. Il n'est ainsi pas rare qu'elle fasse des suggestions aux journalistes, comme récemment avec Philippe Vandel, en marge de son émission *Culture médias*, sur Europe 1, dont elle était l'invitée. « Elle a regretté que les ministres ne soient invités que pour parler des effets d'annonce. Elle a alors évoqué l'idée qu'à chaque fois, ils soient de nouveau sollicités, un an après, justement pour voir comment a évolué la mesure annoncée. J'ai trouvé que c'était une super idée, et j'en ai aussitôt parlé à ma programmatrice. La première que nous allons appeler pour essayer de faire un premier bilan est Roselyne Bachelot», raconte le journaliste et animateur.

Toutes les femmes et tous les hommes politiques n'acceptent pas autant de jouer le jeu. Loin de là ! Dans leur dernier livre, *Le Traître et le Néant*[1], le tandem Gérard Davet et Fabrice Lhomme reconnaît aussi qu'elle est la seule à les avoir reçus : « Rencontrer Marlène Schiappa s'imposait. Il nous fallait, dans notre casting de témoins, des membres du gouvernement, si possible des fans transis. Autant l'avouer, nombreux ont été les ministres à nous battre froid. Dans le meilleur des cas, nous avons obtenu une fin de non-recevoir courtoise et personnalisée (Gérald Darmanin, par exemple : "Malheureusement, je dois décliner. Désolé pour ma réponse tardive"). Tous les autres, moins polis ou plus peureux, ont obéi, au choix, aux consignes de silence, ou à leur propre instinct de conservation. Schiappa, elle, nous a reçus très vite. Sans fioritures, ni fritures. » Et même si les journalistes ne la ménagent pas spécialement dans leur ouvrage, Marlène valide. Car elle connaît les règles du jeu et les accepte. « D'autant mieux que, quand elle se trompe, elle le dit ! Certains peuvent y voir un aveu de faiblesse alors qu'il s'agit de tout le contraire. Elle parle aux gens, parce que, disons-le… elle en a ! » souligne en off l'un des responsables d'une grande radio parisienne.

Un programme en particulier, récemment diffusé, peut servir de baromètre pour analyser l'ascension médiatique de Marlène Schiappa. Il s'agit d'*Une ambition intime*, le documentaire présenté par Karine Lemarchand

1. *Op. cit.*

et proposé par M6 depuis 2016. Au début, toutes les personnalités choisies par la chaîne sont des poids lourds du monde politique. Nicolas Sarkozy, Marine Le Pen, Alain Juppé, François Bayrou ou Jean-Luc Mélenchon, entre autres, acceptent de jouer la carte du divertissement. Car si l'émission garde un sens politique, chaque portrait a une forte résonance people. Du jamais-vu à ce niveau-là... Et voir un ancien président, un ex-Premier ministre, et des chefs de parti ouvrir leur album de famille devant l'animatrice de *L'Amour est dans le pré* ne plaît pas à tout le monde. « On se moque de la politique américaine, mais on est en train de vouloir la copier », regrette alors Jean-Marc Ayrault, Premier ministre sous François Hollande, entre 2012 et 2014. Mais avec plus de trois millions de téléspectateurs, le premier volet est un succès.

À l'époque de cette diffusion, Marlène Schiappa est à des années-lumière de s'imaginer qu'un jour elle aussi s'assiéra devant l'animatrice préférée des agriculteurs pour raconter sa vie... La symbolique est forte. Car sur les cinq personnalités féminines choisies par M6 en 2021, à côté des figures que sont Rachida Dati, Valérie Pécresse, Anne Hidalgo et (encore) Marine Le Pen, elle est la seule membre du gouvernement. Preuve irréfutable de sa popularité, en comparaison d'une Barbara Pompili ou d'une Élisabeth Borne, respectivement ministre de la Transition écologique et ministre du Travail, intéressantes évidemment mais moins identifiables par le grand public.

Pour autant, la ministre déléguée a hésité à participer. Et même réservé sa réponse dans un premier temps. Car derrière son allure que certains jugent extravagante, sa communication constante sur les réseaux sociaux et son indéniable aisance oratoire... elle est timide. Réservée, secrète, introvertie même ! Sans l'insistance de ses équipes, convaincues de la pertinence du projet, elle aurait même décliné. « Je choisis ce que je montre et m'expose en fait bien moins que d'autres personnalités politiques. Je n'ai jamais montré d'images de mes enfants, vous ne savez pas comment ils s'appellent ni la manière dont ils sont éduqués. On ignore comment je m'organise en couple… et à quoi ressemble mon foyer », prévenait-elle dans les colonnes de *TV magazine* quelques jours avant la diffusion. Résultat des courses, Marlène a joué le jeu, mais contre nature. Et même si l'émission a été un succès (relatif), même si chaque portrait avait sa charge d'émotion, le sien compris, les équipes de Potiche Prod, la société qui produit le programme, Karine Lemarchand en tête, ont regretté qu'elle soit trop dans le contrôle, n'ouvre pas son album de famille autant qu'escompté. Un comble lorsqu'on connaît la confidence qu'elle y a livrée : elle a en effet expliqué avoir retardé l'enregistrement en raison d'une fausse couche… Enceinte de plusieurs semaines, la ministre a en effet eu la douleur de perdre le bébé qu'elle portait. Un drame personnel sur lequel elle a choisi de revenir en détail, quelques jours plus tard, dans *La Maison des maternelles*, sur France 5, cette fois. Une première en France !

Marlène Schiappa découvre sa grossesse à l'été 2021, tandis qu'elle se trouve en vacances avec son homme, ses deux filles et sa Corse… Alors qu'elle peaufine son prochain livre – *Sa façon d'être à moi*[1] –, un roman qui doit paraître à la rentrée, aucun nuage ne fait d'ombre au nouveau grand bonheur qui s'annonce. Contrairement à certaines femmes qui redoutent de n'avoir pas franchi

1. Paris, Stock.

le cap fatidique des trois mois de grossesse, elle est confiante. Aussi, quand elle reprend le chemin du ministère, les signes annonciateurs ne l'alertent pas. À savoir d'« énormes douleurs » qu'elle met d'abord sur le compte du stress et des responsabilités. Un matin, elle s'étonne auprès de Cédric d'avoir, avant d'aller travailler, ce mal au ventre digne de l'écolier le jour de la rentrée, alors que voilà presque cinq ans qu'elle a fait son entrée au gouvernement. Les rendez-vous s'enchaînent. Avec le chef de l'État, comme avec d'autres ministres. Les signes s'intensifient, mais elle continue à travailler. Sa mission gouvernementale ne peut attendre.

Jusqu'à un déplacement du 3 septembre dans la Manche, à Coutances et Saint-Lô précisément, pour accompagner le Premier ministre Jean Castex et trois autres ministres, dont Éric Dupond-Moretti, le garde des Sceaux. Alors que la délégation est attendue pour dresser le bilan des mesures annoncées deux ans auparavant, Marlène voit son mal s'amplifier. Pire, il vire au calvaire. Et vient l'hémorragie… Qu'elle découvre lorsqu'on lui fait remarquer que la grande robe bleue qu'elle porte est baignée de sang. Ne comprenant pas ce qui arrive, elle s'isole jusqu'à la fin du déplacement, ne songeant en rien à une fausse couche. « Mon premier réflexe a été de vouloir continuer à travailler », explique-t-elle. Aussi serre-t-elle les poings et les dents… avant de s'effondrer. Direction l'hôpital. La fausse couche est confirmée, et les signes du drame mettront du temps à s'estomper…

Pourquoi lever le voile sur cette épreuve malgré sa peine ? Pour qu'elle serve. Au nom de toutes les femmes qui la traversent. Afin de contribuer à lever l'omerta qui existe sur ce sujet, consciente que 15 à 20 % des grossesses n'arrivent pas à terme et qu'une Française sur cinq endure un tel deuil au cours de sa vie, il lui a paru nécessaire de témoigner… « Quand j'en ai parlé autour de moi, j'ai été frappée par le nombre de femmes ayant vécu des fausses couches en silence ! » regrette-t-elle. Un silence qu'elle souhaite briser, elle qui estime avoir été pleinement soutenue par sa hiérarchie, notamment le Premier ministre. « Si aux plus hautes responsabilités de l'État, ces hommes sont dans l'empathie et soutiennent les femmes qui vivent ce que j'ai vécu, ça doit pouvoir être le cas dans tous les lieux de travail du pays », énonce-t-elle.

Si Marlène Schiappa est devenue la reine de la com' politique en si peu de temps, c'est parce qu'elle porte des causes qui la concernent ou qui concernent les gens de la « vraie vie ». En un presque quinquennat, sa communication a d'ailleurs évolué. Après une présence médias tous azimuts, elle se montre aujourd'hui plus sélective, faisant moins de matinales politiques et plus d'émissions longues, comme ses débats sur *France Culture* face à Patrick Buisson ou contre l'abstention en décembre 2020, sans oublier des tribunes dans des publications réputées et confidentielles en termes de tirage, telle *La Revue des Deux Mondes*. Son objectif : s'adresser aux banlieusards comme aux intellos. Ce qui fait dire à certains membres de l'Élysée qu'un gouvernement de second quinquennat sans elle… est impossible.

23

Marlène 2.0, ou presque !

Dans les couloirs de son ministère, comme à l'époque où elle dirigeait son entreprise, la ministre déambule, la tête inclinée, les yeux rivés sur son smartphone collé à la paume de sa main ! Une manie très nouvelle génération qui en agace certains, mais en réjouit d'autres. « Marlène Schiappa était très créative, mais c'était surtout la prestataire la plus réactive que j'aie jamais rencontrée, témoigne l'ancien client d'un grand site web d'actualités. Jour ou nuit, elle répondait à ses mails en moins de dix minutes, écrivait vite, connectée en permanence. » À la tête de sa propre agence de production de contenu web, elle a dû faire ses preuves face à la concurrence des grandes marques. Aussi, ne supportant pas l'idée de manquer le message d'un client, habitude gardée de la période où elle était simple employée du SAV Darty, elle reste en alerte constante. « Le client ne doit pas attendre plus de trois sonneries pour avoir une réponse ! » dit-elle à son cabinet, qui doit être aussi réactif. « À l'époque, Marlène produisait énormément et très vite mais, surtout, elle voulait publier des articles sur des sujets sociaux, sa fibre sociale remontait très vite. Elle faisait des reportages sur les cuisiniers sans papiers de Neuilly, le mal-logement… et les postait à toute vitesse», se souvient dans un article le prix Albert-Londres Serge Michel qui l'a fait commencer au Bondy Blog au début des années 2000. «Après, elle assurait le SAV, c'est-à-dire qu'elle animait une communauté en ligne, répondait à chaque commentaire… C'est vrai qu'elle était hyperconnectée!»

Hyperconnectée, donc. Notamment pour alimenter son compte Instagram, *via* des story ou des posts, souvent très personnels. Comme lorsqu'elle conte à ceux qui la suivent sa journée à Disneyland avec ses filles – sans les montrer – ou un après-midi passé avec sa mère dans un salon de thé parisien, ou une journée en bord de mer avec son amoureux. Si on analyse les centaines de clichés postés depuis son inscription sur le réseau, on trouve à boire et à manger… «Des toiles de Klimt côtoient des unes de presse sur les violences conjugales et des photos de vacances, des vidéos de débats télévisés… Ça part un peu dans tous les sens», analyse la community manager d'un magazine féminin. Mais c'est précisément ce que revendique l'auteure du compte. Son Instagram est un espace de liberté personnelle, *via* lequel elle partage l'émotion du moment. «Si j'ai choisi d'inscrire la phrase de Bob Dylan "*Like a rolling stone*" sous ma photo de profil, c'est pour qu'on comprenne qu'on n'est pas dans une communication institutionnelle. Ceux qui veulent les communiqués de presse du ministère de l'Intérieur peuvent aller sur le compte du ministère de l'Intérieur, où je publie – avec Gérald – beaucoup d'informations sérieuses», souligne-t-elle.

Mais Marlène Schiappa est ministre, pas influenceuse, plus blogueuse, et certains n'apprécient guère.

Notamment parce qu'il lui arrive de dégainer plus vite que son ombre. Que ce soit pour poster un coup de cœur en story sur Insta, ou pour balancer un tweet moralisateur. « Des gens apprécient son côté rentre-dedans destiné à faire bouger les choses, d'autres doivent en revanche la trouver parfois insupportable, comme lorsqu'elle tweete à propos d'Éric Zemmour. Voilà l'exemple d'une prise de position pour le moins excessive… », épingle Pascal Praud de CNews.

De quoi s'agit-il ? En octobre 2020, alors qu'il était en visite au salon Milipol, espace consacré à la sécurité, le polémiste, alors potentiel candidat à la présidentielle, s'amuse à pointer une arme en direction des journalistes qui l'accompagnent. Comme la plaisanterie ne fait pas sourire la ministre déléguée chargée de la Citoyenneté, elle le fait savoir. « Viser des journalistes avec une arme en leur disant : "Reculez !" n'est pas drôle. C'est horrifiant. Surtout après avoir dit sérieusement vouloir "réduire le pouvoir des médias". Dans une démocratie, la liberté de la presse n'est pas une blague et ne doit jamais être menacée », tweete-t-elle aussitôt. La riposte de l'ancien chroniqueur de CNews est aussi violente que peu élégante : « Marlène Schiappa est une imbécile. »

Si certaines de ses réactions numériques peuvent paraître intempestives, voire épidermiques, Marlène les assume. D'autant qu'elle gère sa communication 2.0 seule ! Elle a bien des conseillers en la matière, mais c'est souvent elle qui écrit, relit ou valide ce qui est publié sur ses réseaux. « Les rares fois où elle a laissé d'autres les gérer, ça s'est tout de suite senti. On a vu que ce n'était pas son ton habituel, comme lorsqu'on a voulu la pousser à aller sur TikTok alors qu'elle n'aime pas ce réseau social. Aujourd'hui, elle considère qu'il s'agit d'une erreur et qu'elle aurait dû suivre son instinct», confie un de ses conseillers.

Un coup de com' qui ne reste pas dans les annales du genre. En novembre 2020, peu après Emmanuel Macron, Marlène débarque sur le média chinois en parodiant un influenceur suisse qui est alors la risée des réseaux sociaux. Le jeune homme publie en effet des vidéos lunaires dans lesquelles il propose aux internautes de le rejoindre pour «faire de l'argent» avec lui. Une courte vidéo montre la ministre, voulant suivre la tendance, apparaître devant la fenêtre de son bureau, un tube de Beyoncé en fond sonore, et se présenter ainsi : «Salut à toi, jeune entrepreneur, je m'appelle Marlène Schiappa, et j'arrive sur TikTok…» Sauf que le personnage qu'elle imite est, à l'époque, dans le viseur des autorités suisses. L'homme ne serait ni un businessman, ni un humoriste, mais un escroc! Et les internautes le savent lorsqu'ils découvrent cette entrée en matière; ils oscillent alors entre incompréhension et railleries. Marlène Schiappa fait le dos rond puis délaisse progressivement cette plateforme, peut-être encore incompatible avec les messages purement politiques.

Dans la catégorie bad buzz, évoquons l'affaire dite du lissage brésilien, carrément baptisée par certains le #LissageGate!

Début janvier 2021, des milliers d'internautes commencent à relayer une vidéo, initialement publiée sur le compte Instagram de Marlène Schiappa, durant laquelle, l'espace d'une poignée de secondes, elle apparaît, agitant sa chevelure au ralenti, en vantant les mérites d'un salon de coiffure. Ce qui peut paraître anecdotique au départ prend bientôt mauvaise tournure. «Ça a été très vite relayé sur Twitter par un internaute lié aux sphères islamistes qui s'était déjà fait connaître en diffusant le numéro de téléphone d'un ministre. Quelqu'un d'identifié comme nuisible et dangereux. Eh bien, il s'est emparé de la vidéo, a ajouté un effet ralenti en insérant des commentaires jamais écrits pour faire penser qu'il s'agissait d'un post sponsorisé ! » détaille un ancien conseiller. Dans la foulée, le clip trafiqué devient viral.

Sur la Toile, personne ne semble douter de son authenticité ni ne vérifie la source ! Vite surprise par l'ampleur de la polémique – une ministre se fait payer des coiffures ou les obtient en échange d'une vidéo –, l'équipe de Beauvau dénonce l'affaire *via* un communiqué de son avocate, Julia Minkowski. Mais le bad buzz devient surréaliste et la presse s'en mêle, de *L'Obs* à *Mediapart* en passant par des journaux locaux comme *La Voix du Nord*, qui résume la polémique ainsi : « Cela pourrait être le banal partage d'un moment du quotidien comme il en pleut sur les réseaux sociaux chaque jour. Mais si la publication est banale, le compte ne l'est pas : on parle ici du compte d'une ministre, pas de celui d'une influenceuse. » Les chaînes d'infos s'emparent à leur tour du sujet et des bandeaux défilent, façon breaking news. BFM diffuse la vidéo de personnes demandant : « Marlène Schiappa a-t-elle vraiment fait un lissage brésilien ? » comme s'il s'agissait d'une information officielle. Il faut éteindre l'incendie, et vite.

« Ça devenait tellement dingue qu'on a décidé de produire la facture ! Et Cyril Hanouna a eu la gentillesse d'inviter le coiffeur en question pour qu'il la présente à l'antenne. Le débat n'a pu être clos qu'après… » raconte le conseiller. Le document est clair : la ministre s'est bel et bien acquittée de la somme que coûte ce lissage brésilien.

Plus d'un an après l'affaire – picrocholine, avouons-le –, la ministre déléguée chargée de la Citoyenneté reconnaît avoir fait preuve d'une certaine naïveté. Celle de n'avoir pas saisi l'aspect mercantile que pouvait générer le simple fait de se rendre chez le coiffeur et d'en dire du bien : « Déjà parce que je n'ai jamais eu l'habitude d'y aller, raconte-t-elle. Je viens d'un milieu populaire, où l'on n'avait pas l'argent pour s'offrir ce genre de prestation, donc je me suis presque toujours coupé les cheveux seule. Quand j'étais au lycée, j'avais les cheveux très longs précisément parce que je ne me les coupais pas. Et à mon entrée au gouvernement, c'était encore le cas. »

Quand Marlène Schiappa décide de se rendre dans ce salon de coiffure, c'est sur les conseils d'une prénommée Soraya, qui travaille dans les émissions d'Hanouna – l'animateur y est lui-même déjà allé. Le moment est si plaisant qu'elle décide de poster la vidéo pour partager la bonne adresse, au même titre qu'elle l'aurait fait d'un bon restaurant. « L'histoire est représentative : quoi que je dise ou que je poste, ça prend des proportions démesurées… Comme lorsqu'un service a dit avoir égaré un disque dur et que l'info s'est retrouvée en breaking news alors que ce disque dur n'a jamais été perdu. »

Une anicroche, finalement, mais qu'elle vit comme une injustice. Car là où nombre de personnalités profiteraient de leur statut pour se faire pouponner gratuitement, Marlène Schiappa est plutôt du genre à faire ses propres teintures en recourant à des produits achetés en supermarché et utilisés dans sa salle de bains. Aujourd'hui encore ! « Lors d'un récent déplacement diplomatique, on a ri quand on a découvert qu'elle avait emporté une boîte de couleur *L'Oréal* pour teindre ses cheveux sur place.

C'est la seule ministre à le faire alors que tous les autres vont dans des salons », s'amuse l'une de ses conseillères.

En fait, le simple nom MARLÈNE SCHIAPPA suffit à faire écrire des articles, en bien ou en mal. Comme ce jour où un stagiaire de France Info vient faire son portrait. Alors que la ministre lui demande ce qui l'intéresse, il répond avec candeur : « Je suis en stage et j'ai besoin d'un papier qui clique beaucoup pour rester en CDI. Je me suis dit qu'avec vous ce serait le cas. »

Si cette spontanéité digitale peut occasionner quelques maladresses, elle est aussi le gage d'une fraîcheur qui fait bouger les lignes. Dès sa nomination comme secrétaire d'État, par exemple, elle choisit de poster une petite annonce sur Twitter pour embaucher son directeur de cabinet. Alors que ce genre de recrutement se fait d'ordinaire de façon discrète, et par cooptation, elle souhaite s'entourer d'éléments qui lui ressemblent. Aussi applique-t-elle des méthodes qui lui ressemblent !

Elle finit par choisir Thomas Brisson, vingt-sept ans le jour de la signature de son contrat, qui devient, du même coup, le plus jeune dircab de la Ve République. Un jeunisme assumé qu'elle applique au reste de son équipe. La directrice de cabinet qui la rejoint a vingt-huit ans, son conseiller parlementaire, vingt-sept, son conseiller en communication, vingt-cinq. « J'ai la moyenne d'âge la plus jeune des cabinets ministériels. Ce qui explique pourquoi mon cabinet comprend, comme moi, le langage digital », se félicite-t-elle.

Elle revendique le fait que les réseaux sociaux restent un « espace de liberté » sur lequel personne n'a droit de relecture ni de validation. Quand elle saisit son téléphone pour pianoter, et parfois même pour annoncer une avancée gouvernementale majeure, c'est à ses yeux dans le simple ordre des choses : «Je considère que si on fait de belles lois et de belles mesures mais que personne ne les connaît à l'arrivée, cela ne sert à rien. Il est donc important de communiquer sur les réseaux, que ce soit par des tweets ou des story Instagram.» Elle s'autorise également des lives avec des pages de médias féministes comme GangDuClito, GardeTesConseils ou DisBonjourSalePute. Des groupes de discussion au sein desquels les autres ministres ne mettraient probablement pas un orteil.

Idem lorsqu'en février 2018, elle s'immisce dans l'affaire Alexia. Dès les aveux de Jonathann Daval sur le meurtre de son épouse, elle saisit ses réseaux pour s'indigner du crime, comme de la défense de l'avocat de ce dernier. Elle le fait avec son cœur peut-être plus qu'avec son statut de ministre, mais entendre l'homme de loi souligner la «personnalité écrasante» de la victime et arguer d'un acte criminel accidentel lui est insupportable. L'affaire est à l'époque loin de son épilogue, mais elle ose utiliser le terme «féminicide». Sur Twitter, elle dénonce le «victim-blaming» d'Alexia Daval, à savoir la tentative de la rendre presque responsable de son propre drame. «En disant cela, on légitime les féminicides, s'emporte-t-elle. On légitime le fait que, tous les trois jours, il y a une femme tuée sous les coups de son conjoint. Elle avait une personnalité écrasante, elle était trop exigeante, elle était habillée de façon trop aguicheuse. Il y a toujours une bonne excuse, ça suffit!»

Des mots très forts, qui divisent et qui poussent le ministre de l'Intérieur, Christophe Castaner, à la recadrer publiquement : «Un ministre n'a pas à commenter une affaire judiciaire», rappelle-t-il sèchement, au micro de France Inter. Toutefois le premier flic de France, comme bien d'autres, oublie une chose essentielle : Marlène Schiappa est le seul membre du gouvernement à monter au créneau, à s'emparer publiquement de l'affaire et, de fait, à apporter une forme de réconfort et un soutien essentiel à la famille de la victime.

Une prise de risque assumée, malgré les coups qui pleuvent, mais qui finit par payer. Invités dans l'émission *C à vous* (France 5), le 28 octobre 2021, Isabelle et Jean-Pierre Fouillot, les parents de la victime, viennent présenter un livre dans lequel ils racontent leur histoire, *Alexia, notre fille*[1]. Sur le plateau, la mère éplorée rend un vibrant hommage à celle qui était alors secrétaire d'État à l'Égalité femmes-hommes. « Je pense que c'est elle qui m'a fait prendre conscience que ce qui est arrivé à Alexia n'était pas juste, qu'elle ne méritait pas cela. Et qu'on n'avait plus le droit, en 2017, de dire qu'on légitimait un meurtre », déclare-t-elle. Et son mari d'ajouter avoir eu « la force de rentrer dans le combat » grâce à l'intervention de la secrétaire d'État. Une reconnaissance qui va bien au-delà de l'aspect juridique et de toutes les avancées faites entre-temps à ce sujet, et qui touche particulièrement Marlène Schiappa : « Ils sont adorables, commente-t-elle. Quand j'ai fait mon tweet pour dire que Jonathann Daval avait commis un féminicide, ça a fait scandale. Tout le monde m'est tombé dessus ! Mais la suite m'a donné plus que raison. »

En haut lieu, on se félicite finalement d'avoir une Marlène 2.0 aux manettes d'un ministère. Quitte à ce qu'elle dérape ici ou là… peu importe, tant qu'elle retombe sur ses pattes ! Avec 240 000 followers sur Twitter et 70 000 sur Instagram, elle se trouve dans le top des

1. Paris, Robert Laffont, 2021.

ministres les plus suivis. Une force de frappe énorme, une capacité à créer l'actualité.

« Elle a parfaitement appréhendé l'importance des réseaux sociaux. Cela fait pleinement partie de son exercice personnel du pouvoir. C'est une vision moderne de ce qu'impliquent les fonctions politiques actuelles. Avec Gabriel Attal, elle est celle qui a le mieux géré l'incorporation du digital pour accroître sa surface médiatique », résume un (très) proche du président. N'est-ce pas là l'essentiel ?

24

#MeToo avant toute(s) ?

Parmi les rencontres qui ont changé son destin, il en est des anonymes qui n'en sont pas moins déterminantes. C'est le cas de celle avec Jérémie Peltier, le directeur des études de la fondation Jean-Jaurès. Marlène Schiappa et lui se croisent pour la première fois lors des élections régionales des Pays de la Loire, dans le bureau du maire. « Ça faisait longtemps que j'entendais parler de cette adjointe formidable. On me disait qu'elle écrivait, qu'elle était maligne et vraiment intéressante. Je n'ai pas été déçu et on est devenus potes », raconte-t-il. Très vite, ce trentenaire aux airs de gendre idéal aussi bienveillant que brillant devient une béquille importante pour sa campagne. Avec lui, elle évoque, peut-être plus qu'avec d'autres, les violences sexuelles du quotidien dont sont victimes des millions de femmes. Le jeune homme sent qu'elle en a sous le pied et qu'il y a là quelque chose à exploiter. « Tu as plein de trucs à dire sur la question, écris un livre ! » lui conseille-t-il. Dans un premier temps, elle refuse, ne se sentant pas légitime. « Il m'a alors dit d'essayer de rédiger au moins trois pages et de voir ce que ça donnait. C'était une fin de mois d'août, Cédric et les filles étaient partis en vacances, j'étais seule au Mans, alors j'ai ouvert mon ordinateur et essayé… »

Elle se cloître, ne met pas le nez dehors et pond 289 pages sur la culture du viol. Dans lesquelles elle promet que, tôt ou tard, les femmes vont se soulever, se souder, témoigner les unes après les autres de façon à obliger le monde à les écouter. Une sorte de prédiction du mouvement #MeToo bien avant l'heure !

Après lecture, Jérémie Peltier est convaincu de la nécessité d'aller au bout du projet. Il lui conseille un éditeur avec lequel il travaille (Éditions de L'Aube), qui décide de publier le premier ouvrage sur la culture du viol en France au début de l'année 2018. « C'était un livre essentiel car, pour une fois, il ne s'agissait pas d'une approche théorique, ni d'une thérapie personnelle, mais d'un texte qui mettait noir sur blanc un sujet trop peu présent dans le débat public. Marlène y décrivait la vie quotidienne de millions de femmes, harcelées dans la rue, dans les transports ou au travail. Ce qui a explosé ensuite avec #MeToo », dit-il.

Une opinion partagée par un proche collaborateur d'Édouard Philippe lorsqu'il était Premier ministre. Selon lui, au moment du déferlement de ce mouvement, illustré en France avec #BalanceTonPorc, Matignon n'a eu de cesse de se féliciter d'avoir une Schiappa dans ses rangs. « Quand le pays s'est pris le sujet en pleine gueule, on aurait pu se planter. Mais Marlène était là. Au bon endroit, au bon moment. Elle a eu l'énergie pour faire vivre ce sujet, et d'excellentes idées pour faire avancer la cause. Le Grenelle des violences conjugales, par exemple, c'est elle et personne d'autre. »

En 2019, Marlène Schiappa pointe les dysfonctionnements existant entre les différentes structures concernées par la problématique des violences conjugales (la police, la justice, les associations…). Parce que des chiffres la font bondir. Plus de 200 000 femmes subissent des violences physiques ou sexuelles de la part de leur compagnon (ou ex-compagnon) chaque année : 121 en sont mortes en 2018, 146 l'année suivante. Naît l'idée d'un Grenelle sur la question. Son désir ? Organiser (notamment) des tables rondes afin que tous puissent échanger sur les stratégies à mettre en place.

Le 25 novembre, après trois mois de consultations, le Premier ministre Édouard Philippe et sa secrétaire d'État bouclent ce Grenelle avec la promesse d'un grand nombre de mesures. Parmi elles, la généralisation de la possibilité de déposer plainte dans les hôpitaux, le lancement d'un audit de 400 commissariats et gendarmeries, la création de 1 000 nouvelles places d'hébergement et de logements temporaires, dès janvier 2020 une facilitation du signalement et de nouvelles sanctions contre les auteurs de tels actes.

Thomas Brisson, son directeur de cabinet d'alors, se trouvait aux premières loges des échanges. Il se souvient d'une aventure politique et humaine d'une rare intensité, avec comme point d'orgue une intervention clef qui, à l'en croire, a fait pencher la balance du bon côté. « Une fois, elle a décidé de donner la parole à la meilleure amie d'une femme victime de féminicide afin que celle-ci s'exprime devant l'ensemble du gouvernement. C'était un moment extrêmement fort… Si Marlène a toujours été à l'écoute des discours de cette nature, avant même d'être nommée secrétaire d'État, c'était la première fois que le Premier ministre était accompagné des ministres de l'Intérieur, de la Justice et de la Santé pour entendre un tel cri du cœur. Sans volonté de faire de la politique spectacle puisque rien n'était filmé. Cet instant-là, comme d'autres, a été essentiel à la mise en place des mesures du Grenelle… »

Un important pas en avant dont s'est félicité, dans son discours, le Premier ministre Édouard Philippe, tressant les louanges de son initiatrice : « Je voudrais aussi rendre un hommage appuyé à Marlène Schiappa sans qui ce Grenelle n'aurait pas eu lieu. La politique, c'est du verbe mais c'est aussi de l'incarnation et de l'action. Marlène Schiappa a incarné cette action avec conviction, résolution et une maîtrise exceptionnelle. Je veux donc la remercier très sincèrement. »

Début 2021, à l'heure de dresser un premier bilan, il apparaît que « seulement » 90 femmes ont été tuées par leur conjoint (ou ex-conjoint) en 2020, soit 83 de moins que l'année précédente. Une diminution qui peut paraître anecdotique, mais ces chiffres étaient, jusqu'alors, en constante hausse. Selon un proche d'Édouard Philippe, l'Élysée et Matignon attribuent cette avancée à Marlène Schiappa. « Ces progrès sont la preuve qu'elle a véritablement œuvré pour l'égalité femmes-hommes. Tout n'est évidemment pas réglé, bien sûr, mais ça a fait avancer les choses. Alors qu'il y avait tant de scepticisme au départ… »

Bien avant que n'éclate l'affaire Weinstein, suivi d'une inédite libération de la parole féminine, Marlène était inconnue du grand public. Sur la photo officielle du premier gouvernement, elle est d'ailleurs placée au dernier rang, le visage caché par une collègue, loin derrière Emmanuel Macron, Édouard Philippe et les ministres de rang, protocole oblige. Mais un an plus tard, pour avoir su saisir ce moment historique, la benjamine crève l'écran. Une première grande victoire (féminine !) pour celle qui, ado, essayait de s'enlaidir lorsqu'elle se baladait dans les rues avec sa sœur afin de ne pas se faire « emmerder » …

25

Féministe, mais pas radicale…

«Je ne suis pas la ministre des associations féministes.» Voilà qui est clair. Et le message est bien passé : Marlène Schiappa se revendique féministe, mais n'entend pas représenter certaines associations militantes qui ne trouvent pas grâce à ses yeux, parce que trop gauchistes, trop politisées, pas assez concrètes…

« En vrai, la plupart des Françaises ne connaissent pas ces associations. Donc l'idée, pendant notre campagne, était de dépasser ce cadre pour parler aux femmes directement et sans intermédiaire », se souvient un collaborateur qui a travaillé avec la future secrétaire d'État dans Elles marchent !, le groupe des femmes en soutien à Emmanuel Macron. Marilyn Baldeck, responsable de l'Association européenne contre les violences faites aux femmes au travail (AVFT), fait partie de ceux qui ont été mis de côté. Aussi déplore-t-elle alors un manque de dialogue avec la secrétaire d'État. « Autrefois, nous étions en contact quasi permanent avec les cabinets des ministres chargés des droits de femmes. Ça a changé… nous n'avons plus de moments d'échanges », confie-t-elle en 2018 aux caméras de France Télévisions et au bord des larmes. Or, avec le mouvement #MeToo, l'association fait alors face à une explosion des appels et croule sous les dossiers… «La vérité, c'est que l'asso a coupé sa ligne – pour laquelle elle touche de l'argent de l'État – sans nous prévenir. Je suis par ailleurs curieux de savoir combien de condamnations d'agresseurs elles ont réellement obtenu. Un jour peut-être, on s'interrogera sur l'efficacité des associations subventionnées par l'argent public», soupire un membre du secrétariat d'État.

La militante féministe Caroline De Haas, qui a refusé de s'exprimer dans ce livre, prétextant «ne plus répondre à aucune demande média», n'avait, à l'époque, pas ménagé Marlène Schiappa. «Elle considère que beaucoup d'associations sont dépassées et appartiennent à l'ancien temps. Et que c'est à travers des associations de blogueuses, de femmes chef d'entreprise que l'on réussira à faire bouger la société, dit-elle. Mais s'il n'y a pas d'associations féministes qui, tous les jours, remettent le sujet sur la table et accueillent des femmes victimes de violences, qui va mener des batailles pour les femmes précaires dans les entreprises ? La société ne bougera pas.»

Même son de cloche du côté de Fatima Benomar, militante des droits des femmes bien connue des plateaux de télévision et ancien membre du bureau de l'association Osez le féminisme. «Marlène Schiappa a toujours pris la posture de défendre le gouvernement face aux critiques des associations féministes les plus revendicatives. Comme lorsque nous avions appris et annoncé le fait que nos budgets émanant de son ministère allaient baisser, et qu'elle avait farouchement nié… avant que ça ne soit inscrit dès le lendemain dans le *Journal officiel* !» regrette celle qui, par la suite, a cofondé l'association féministe Les Effronté•es. «Sauf que Marlène s'est battue et a réussi à récupérer en deux jours ces sommes grâce à l'intervention de Gérald

Darmanin, ministre du Budget, ce qu'elle savait déjà», tempère un fonctionnaire du secrétariat d'État.

Lors de la marche #Noustoutes du 24 novembre 2018, lancée par le collectif éponyme, le malentendu entre la secrétaire d'État et une partie des féministes devient palpable. Mais les réelles tensions apparaissent un an plus tard, en novembre 2019, lorsqu'elle propose d'expulser les citoyens étrangers qui seraient condamnés pour des violences sexistes et sexuelles. Une idée dont elle se félicite dans plusieurs interviews, et *via* son compte Twitter, sur lequel elle rend grâce au Premier ministre en ces termes : «Je remercie Édouard Philippe d'avoir retenu ma proposition qui vise à expulser les citoyens étrangers condamnés pour des violences sexistes et sexuelles.» Pour les féministes – mais pas seulement –, il s'agit là d'une idée nationaliste, voire anticonstitutionnelle, et finalement contreproductive pour le droit des femmes.

À travers une tribune publiée dans le *JDD*, une trentaine de signataires dénoncent ce discours qu'elles qualifient de «fémonationaliste». Morceaux choisis : «Mme Schiappa se vante également d'avoir obtenu la double peine pour les étrangers qui ont commis des violences sexistes et sexuelles, afin qu'ils soient expulsés du territoire français, au lieu qu'ils puissent tout simplement purger leur peine. L'expression "violences sexistes et sexuelles" comprendrait donc les crimes, les délits et les actes sanctionnés par une contravention, comme le harcèlement de rue? Cette expression, "violences sexistes et sexuelles", que nous utilisons pour souligner le continuum de ces violences, leur caractère banal et quotidien, devient donc un instrument au service d'une politique xénophobe visant les étrangers et leur distribuant des expulsions du territoire en notre nom. Nous, féministes, n'avons jamais revendiqué une quelconque double peine pour les étrangers. Les coupables doivent être jugés et condamnés, payer leur dette à la société comme tout justiciable, et la société doit se mobiliser pour comprendre les racines des violences qui sont commises en son sein… »

La tribune, signée par des militantes, des journalistes, des avocates, des présidentes d'association, des historiennes et bien d'autres, est un camouflet. Pour Fatima Benomar, également signataire, la double peine insufflée par Marlène Schiappa constitue une « rupture d'égalité » en contradiction absolue avec ce que la ministre est censée prôner. « Donc leur revendication, c'est quoi exactement ? Garder en France les étrangers violeurs ? Quelle position étrange pour des féministes que de se mobiliser contre la seule femme politique qui a fait bouger les lignes, que de l'attaquer dans le but de défendre les violeurs étrangers. Ce néoféminisme cause du tort aux femmes », rétorque son ancien directeur de cabinet.

Pour résumer, nombre d'associations, de militantes, de politiques même, estiment que le grand quinquennat de l'égalité femmes-hommes promis par Emmanuel Macron n'a pas existé. Et de critiquer le manque de femmes dans les cabinets ministériels ou leur absence quasi totale des sphères de pouvoir. Marlène ne leur donne pas entièrement tort, puisqu'elle a déclaré un jour à la presse : « Beaucoup de décisions se prennent sans qu'il y ait de femmes autour de la table, c'est vrai. Mais le président a nommé la première femme secrétaire générale du gouvernement ou la première femme à la tête des CRS, de nouvelles préfètes… »

Face à l'accusation d'une promesse électorale ayant viré, *a minima*, au semi-échec, d'aucuns s'étranglent. « Cette accusation vient de personnes radicales ! Ce que

Marlène Schiappa n'est pas. Au lieu d'applaudir ce qu'elle fait, des féministes engagées se contentent de pester contre ce qu'elle n'a pas encore fait», analyse un journaliste politique. Marlène qui trinque, mais assume ? Le procès ne tient pas, renchérit Thomas Brisson. Celui qui l'a accompagnée pendant trois ans au secrétariat d'État estime qu'elle a, au contraire, contribué à mettre sur la table des sujets jusqu'ici trop peu évoqués. « Elle a tout de suite travaillé sur la place des femmes dans l'espace public, rapporte-t-il. Notamment en soulevant des sujets encore tabous, comme la précarité menstruelle. Avec une volonté de fer, elle a créé le terreau pour faire de ces thèmes un sujet politique clef et pas juste un sujet de société. Qui a fait une loi contre le harcèlement de rue ? Qui a allongé les délais de prescription ? Qui a mis fin aux certificats de virginité ? Qui a fait des violences conjugales un enjeu ? Marlène. Sans leur aide, donc. »

À l'heure d'établir son bilan, certaines féministes lui reprochent aussi de ne pas avoir demandé plus de moyens. En cause, le milliard d'euros que les associations jugeaient indispensable pour que le combat contre les violences faites aux femmes ne soit pas perdu d'avance. En 2019, sur un budget de 530 millions dédié à l'égalité femmes-hommes, seulement 79 millions étaient destinés aux actions contre les violences faites aux femmes. L'enveloppe a doublé en 2020, mais le chiffre est, forcément, très loin de celui qu'ont calculé et rêvé ses contemptrices. Marlène Schiappa répond, elle, ne pas faire de distinction entre le combat pour l'égalité et celui contre les violences faites aux femmes. Or, selon Fatima Benomar, c'est bien ce fameux chiffre d'un milliard d'euros, alloué chaque année par le gouvernement espagnol, qui est à l'origine des progrès obtenus dans ce pays : « Ce qui marche dans ce domaine, c'est occuper le terrain, commente-t-elle. L'éducation, la prévention, l'accompagnement des victimes et la répression. Une telle somme permettrait à la France de financer les associations, de former des policiers, des assistantes scolaires, des médecins du travail et tous les métiers en lien avec cette problématique. Ce ne serait d'ailleurs qu'un investissement puisque les violences faites aux femmes coûtent très cher à l'État. Ne serait-ce qu'en termes de soins. »

Le déploiement des intervenantes sociales en commissariat et en gendarmerie, des psychologues, la plateforme pour signaler les violences, le financement du 39 19 pour qu'il ouvre vingt-quatre heures sur vingt-quatre… ne seraient pas assez ? « Il y a eu une réelle avancée autour de la PMA et du droit à l'avortement, c'est vrai, mais on aurait rêvé que Marlène Schiappa porte la cause des violences faites aux femmes aussi bien. Notamment après les différents confinements, où ces violences ont parfois triplé. Le quoi qu'il en coûte n'était visiblement pas adressé à tout le monde… » regrette une militante connue de la sphère féministe. Là encore, à l'écoute de cette critique, son équipe s'étrangle. À entendre ses collaborateurs, ils font face à des personnes qui reprochent tout et son contraire à la ministre, qui, soit dit en passant, a livré elle-même, avec sa cheffe de cabinet, des téléphones permettant au 39 19 de fonctionner en télétravail. Et de citer comment, avec son amie Astrid Panosyan d'Unibail, elle a fait ouvrir dans tous les centres commerciaux des points d'écoute pour les femmes victimes de violences conjugales. Et d'évoquer la création d'un fonds spécial d'un million d'euros en plus des sommes prévues. Jamais assez ? Étant donné l'enjeu, quoi de plus normal que chacun revendique plus et mieux ? Mais est-il totalement objectif de ne pas évoquer les avancées obtenues ?

Étant en première ligne, Marlène Schiappa sait qu'elle cristallise les critiques et l'assume. Contenter tout le monde est illusoire, elle a conscience que ce ne sera jamais assez pour certains, toujours trop pour d'autres. Or, des soutiens en matière de féminisme, elle n'en manque pas. Tristane Banon, Rachel Khan, Aurélie Saada des Brigitte, Sandra Sisley, les femmes du Women's Forum sont à ses côtés. Au Salon du livre féministe, elle est accueillie sous les applaudissements. Marie Cervetti, la directrice d'un foyer pour victimes de violences, l'encense pour sa mobilisation concrète. À celles qui protestent contre sa nomination auprès de Gérald Darmanin, mis en cause sur ces sujets – accusations dont il se défend –, elle rétorque : «Je n'appartiens à personne et je n'ai pas de comptes à vous rendre.»

En vérité, ces controverses illustrent les divisions du monde féministe. L'écrivaine Alice Zeniter livre ainsi dans une interview au magazine *Basta* : «Marlène Schiappa est une féministe libérale. Le combat pour l'égalité salariale femmes-hommes est un combat capitaliste ! Ce qu'il faut, c'est renverser la table. Pas pousser plus de femmes dans le patronat. Schiappa défend des quotas à la tête des entreprises, c'est une logique néo-capitaliste.» La politique, encore et toujours.

Sans doute le milieu féministe est-il très divisé. Et politisé. Des dissensions qu'elle juge contre-productives, des reproches à ses yeux quelque peu injustes mais dont, au final, elle se moque… Non qu'ils ne l'affectent pas ou qu'elle ne les prenne pas au sérieux, mais ce qui lui importe d'abord, c'est faire avancer cette cause majeure.

Alors elle décerne pléthore de médailles à des féministes historiques, comme à la créatrice du Laboratoire de l'égalité, Annie Batlle, ou à des universalistes telle l'essayiste Caroline Fourest. Alors elle crée l'exposition des 109 Mariannes pour valoriser des femmes de tous horizons. Si l'avocate féministe Laure-Alice Bouvier clame que Marlène Schiappa est sa ministre préférée, pour le gouvernement, et même pour l'opposition, elle est bel et bien devenue la figure incontournable des droits des femmes nouvelle génération. Selon son amie Assia Benziane, il y a un avant et un après Marlène. « Parce qu'on parle désormais officiellement de féminicides, dit-elle. Avant, ce n'était pas le cas et même quasiment un tabou. Elle a su mettre le sujet sur la table et communiquer de façon brillante. »

Du côté de l'Élysée, on vante en outre un certain nombre de mesures qui, par des effets collatéraux, œuvrent aussi aux droits des femmes : « Quand Marlène Schiappa fait passer le congé paternité de onze à vingt-cinq jours, par exemple, on peut aussi y voir une avancée importante sur ce sujet. Force est de reconnaître qu'elle s'est toujours battue jusqu'au bout. Et que son bilan est remarquable ! »

26

Opportuniste, laïque, républicaine…

À la question « Comment définir le macronisme ? » dans le livre *Le Traître et le Néant*[1] de Gérard Davet et Fabrice Lhomme, la marcheuse de la première heure répond un étonnant : « Je ne sais pas. » De quoi conforter ceux qui estiment que la ministre déléguée est avant tout guidée par l'opportunisme ? En tout cas, c'est le titre du portrait que les auteurs lui consacrent. *Envoyé spécial*, de son côté, a un jour brossé d'elle un portrait au vitriol en l'appelant « L'Ambitieuse ».

Opportuniste, ambitieuse ? « Disons qu'elle prend ce qui l'arrange », corrige en souriant une ancienne ministre. Les ex-membres de l'association Maman travaille se souviennent par exemple qu'elle faisait intervenir à la fois Barbara Pompili et Nathalie Kosciusko-Morizet lors de ses conférences, EELV (Europe écologie-Les Verts) et l'UMP. Ni de droite, ni de gauche ? Les deux ? Le pacte Transparence crèches, qu'elle a fait signer à de nombreux maires, d'Alain Juppé à Anne Hidalgo, pour les engager dans une démarche de publication des critères de places en crèche au sein des municipalités, illustre son

1. *Op. cit.*

positionnement : un mélange politique tous horizons que d'aucuns jugent curieux.

Écrivons-le tout net : ceux qui la détestent la considèrent comme trop gauchiste. « Je l'ai trouvée gonflée de dire, au moment des Gilets jaunes, qu'elle proposait de rétablir l'ISF », siffle un parlementaire de la majorité qui ne s'en remet toujours pas. Une idée que Marlène Schiappa reprend dans le livre *Une & indivisible. L'urgence de défendre la République*[1]. À ses yeux, le consentement à l'impôt passe par là. Mais lorsque François Ruffin lui demande si elle va tenir cette promesse et lutter pour un retour à l'ISF, elle botte en touche en évoquant la suppression de la taxe d'habitation pour les ménages les plus modestes. S'agit-il de prudence… après une remontrance de Matignon ?

Certains, à gauche, l'accusent au contraire d'être d'extrême droite quand elle veut expulser les étrangers auteurs de violences conjugales. A-t-elle seulement une colonne vertébrale idéologique, susurrent des adversaires ? Plutôt que questionner les uns et les autres, regardons le bilan des actions menées.

Marlène Schiappa a fait naturaliser 12 000 étrangers qui travaillaient en première ligne pendant le confinement. À gauche. Elle a fait voter, avec Gérald Darmanin, l'expulsion des hommes vivant en polygamie. À droite. Elle a milité, au sein du gouvernement, pour l'ouverture de la PMA à toutes les femmes. À gauche. Elle a défendu les policiers pris à partie lors de rixes et s'est déplacée à plusieurs reprises dans les commissariats pour les soutenir. À droite. Elle cite Marx à tout bout de champ. À gauche.

1. La Tour-d'Aigues, L'Aube, 2019.

Elle travaille sous les ordres de Gérald Darmanin. À droite. Dernière critique, soit dit en passant que la ministre balaie d'un revers de main, comme lors d'un meeting à Avignon où elle a lancé à la foule : « Quand on travaille pour la sécurité des femmes, est-ce de droite, thème sécuritaire, ou de gauche, thème féministe ? » Les marcheurs, ravis par ce « en même temps », ont applaudi.

Si la ministre revendique plus de 300 mesures en faveur de l'égalité femmes-hommes, elle a surtout marqué le quinquennat par deux combats qu'elle a incarnés sans conteste : les violences conjugales et la laïcité.

Le Grenelle des violences conjugales présenté sous Édouard Philippe lui a permis de créer des bracelets antirapprochement avec Éric Dupond-Moretti, mais surtout de former près de 100 000 policiers et gendarmes à la prise en charge des femmes. Elle a obtenu l'interdiction des armes à feu d'un conjoint violent dès la première plainte déposée, la mise au point d'une grille d'évaluation du danger, la fin des seules mains courantes et la présence d'intervenantes sociales et de psychologues en commissariat lorsqu'un tel sujet s'y présente. Elle a aussi ouvert une plateforme de signalement des violences en ligne et étendu le 39 19 vingt-quatre heures sur vingt-quatre. Opportuniste ? Sûrement. Pragmatique ? Aussi. En tout cas, c'est à cette mobilisation inédite que le président de la République fait souvent référence, tandis que le Premier ministre Jean Castex a poursuivi son combat *via* des comités de suivi.

Ses positions sur la laïcité ont parfois pu aussi dérouter ceux qui la suivaient de longue date.

Quand Marlène Schiappa est sur le point d'être nommée à Beauvau, la nouvelle équipe de Matignon lui assure qu'elle s'occupera de laïcité. Elle est donc aux anges lorsque Jean Castex, nouveau Premier ministre, répond à une interview sur TF1 en déclarant : « Mes valeurs, c'est d'abord la laïcité », citation qu'elle tweete, ignorant alors si elle sera chargée du sujet. Car la ministre bataille alors sec en coulisse, elle qui a imposé à son propre parti En marche la tenue de débats sur ce thème afin de définir une ligne claire. Cette lutte a laissé des traces puisque le député Aurélien Taché, qui compare régulièrement le port du voile au port du serre-tête, a quitté le parti à ce moment-là, estimant que Schiappa avait gagné. Dans *Laïcité, point!*[1], qu'elle a écrit avec Jérémie Peltier, elle rappelle du reste sa position : une laïcité sans adjectif. Ni ouverte, ni naïve, ni hostile.

Si bien qu'en recevant ce domaine dans ses attributions, elle veut affirmer la force de son engagement. Le ministre de l'Intérieur et elle font ainsi voter l'extension de la neutralité religieuse pour les entreprises délégataires de services publics, un contrat d'engagement républicain pour les associations et un plan de formation pour tous les fonctionnaires, plus des interventions publiques qui marquent. Un positionnement et des mesures trop fermes aux yeux de ses anciens camarades de gauche.

Ces derniers vont grincer plus encore des dents avec l'autre combat qu'elle mène sur le même thème : les états généraux de la laïcité, une manifestation dont l'objectif, à peine caché, est de venir à bout de l'Observatoire de la laïcité, jugé trop complaisant et trop mou sur la question des islamistes par plusieurs associations laïques. Après une vague de critiques – dont certaines émanent directement

1. La Tour-d'Aigues, L'Aube, 2018.

de l'entourage du Premier ministre – et, au passage, une caricature sympathique en une de *Charlie hebdo* pour louer son courage face à l'islamisme, elle obtient gain de cause. Finalement, Jean Castex loue l'activisme de sa ministre déléguée, et Gérald Darmanin la soutient plus que jamais. Elle obtient même la responsabilité de créer, comme elle l'a proposé, un bureau de la laïcité place Beauvau.

Quand on lui demande si elle est à l'aise avec ce que d'aucuns qualifient de virage laïcard, elle n'y va pas par quatre chemins : « La loi de 1905 a été portée par Jean Jaurès et Aristide Briand. C'est la gauche qui s'est détournée d'eux, pas moi. Je reste sur la ligne de la loi de 1905, séparation entre Églises et État, neutralité de la République, liberté de conscience et liberté de culte. La laïcité, c'est une valeur de gauche. »

En vérité, à ses yeux, cette famille de la gauche républicaine est orpheline. La gauche Cazeneuve, la gauche Rocard, la gauche qui considère que la sécurité et le soutien aux entreprises ne sont pas incompatibles avec la solidarité et la redistribution lui paraît en déshérence, étouffée par des poussées plus extrémistes. Dans la droite ligne de Jean-Claude Boulard, son mentor qui compta parmi les premiers parlementaires de gauche à avoir rejoint Emmanuel Macron, Marlène Schiappa se positionne sur ces sujets de manière ouverte mais ferme, généreuse mais pas aveugle, si j'ose l'écrire. Ainsi, elle invite régulièrement des DRH de grandes entreprises pour leur proposer de recruter des réfugiés, lance un projet de mécénat de compétences citoyennes et, en même temps, se montre raide, intraitable avec ceux qui céderaient aux sirènes du communautarisme. Ni de droite ni de gauche, des deux un peu.

D'autres exemples? Elle crée des récompenses à tout-va, comme les Prodiges de la République pour les jeunes engagés, les 109 Mariannes pour rendre les femmes visibles, remet la médaille du courage à la veuve d'un jeune papa banlieusard qui a sauvé un retraité au prix de sa vie, va soutenir les candidats de *Danse avec les stars* et présente la loi de finance pour le ministère de l'Intérieur. En somme, un vrai mélange de droite et de gauche, de politique et de pragmatisme, le tout mâtiné d'un « parler cash » teinté d'un « Aide-toi, le ciel t'aidera ».

L'équilibre – équilibrisme? – n'est pas évident à maintenir, mais c'est cette position centrale qui lui a valu d'être adoubée tête de liste de la majorité présidentielle pour Paris aux élections régionales de 2021. Le Modem (Mouvement démocrate), Agir, LREM, la société civile se réjouissaient d'avoir avec elle une figure dynamique, pragmatique, venant de la gauche mais ouverte aux problématiques traditionnellement de droite. Le résultat n'a pas été à la hauteur : 14,05 % des voix et un troisième rang. Il est vrai que toute la macronie a trébuché lors de ce scrutin.

Finalement, Marlène est un emblème de ce qu'est l'idéologie du président de la République : être agile, bouger sans cesse, garder les idées mais rejeter les idéologies. « Un vrai bébé Macron », raillent les uns. « Une héritière de la gauche républicaine », saluent les autres. « Une personnalité politiquement inclassable », disent certains. Mais ces propos sont-ils des compliments ou des reproches?

27

L'ONU

Les proches de Marlène Schiappa racontent qu'elle a horreur de tourner en rond et que, quand elle commence à douter, à se lasser, elle peut très vite changer de cap. Parfois fort brusquement.

Peu de personnes le savent – une poignée à peine –, mais des proches nous l'ont certifié et elle-même ne l'a pas démenti : courant 2020, elle a failli arrêter. À l'approche du remaniement, elle s'est interrogée. Au regard de ce qu'elle avait accompli, elle s'est demandé si elle n'avait pas fait son temps, si la politique, telle qu'elle la pratique depuis quelques années, n'était pas un chapitre à refermer, au moins temporairement, quitte à l'ouvrir de nouveau plus tard. L'idée de quitter volontairement le pouvoir, en tout cas d'évoquer cette volonté auprès de l'équipe du chef de l'État a commencé à faire son chemin… accentuée quand une perspective qui lui fait (très) envie s'est dessinée.

Elle apprend en effet que le poste de présidente de UNWomen est sur le point de se libérer. Cette entité féminine des Nations unies consacrée à l'égalité des sexes fait, en quelque sorte, office d'enseigne universelle pour les femmes et les filles du monde entier. En d'autres termes, et pour simplifier, c'est un poste à la mesure de ses capacités et engagements puisque l'obtenir reviendrait à avoir en main des manettes comparables à celles qu'elle contrôle au ministère de l'Égalité femmes-hommes, mais à l'échelle mondiale. Le job est à New York... elle en rêve ! Cédric n'est pas contre, leurs deux filles se voient même déjà fabriquer des bonshommes de neige dans Central Park ! Depuis qu'elle est secrétaire d'État, Marlène s'est rendue à plusieurs reprises à l'ONU, parfois pour représenter Emmanuel Macron. Si elle est parisienne jusqu'au bout de son béret noir, la ville américaine la fait rêver. La mission l'excite autant qu'elle lui ressemble... alors c'est décidé, elle en parle au président !

« Elle savait que ce poste avait une chance d'être attribué à la France si le chef de l'État le revendiquait. Alors elle lui a demandé s'il pouvait envisager de soutenir le fait qu'elle soit nommée là-bas et quitter le gouvernement », confie Thomas Brisson. On imagine combien les conseillers du Château ont été sonnés par la requête : les ministres ou secrétaires d'État qui demandent un rendez-vous le font plutôt dans l'optique d'être promus, voire de sauver leur peau. « Mais l'Élysée a refusé, précise Thomas Brisson. La faire nommer là-bas était une chose... lui faire quitter le gouvernement, une autre. Le président avait besoin qu'elle reste dans le dispositif. Une réflexion normale, puisqu'il y a peu de femmes, peu de gens de gauche et peu de personnalités qui impriment. Marlène est singulière, incarne ses combats comme personne, a bien conduit ses dossiers, est très politique, n'a jamais peur d'aller au charbon, innove... Normal donc de lui dire non et de la faire rester au gouvernement. »

Reste que voilà Marlène Schiappa tiraillée. Elle est loyale au président, nul n'en doute, mais aussi tenace. Et puis elle se résout à obtempérer. Finalement, elle ne quitte pas l'échiquier gouvernemental. À ses proches qui ne comprennent pas, elle explique : « Le président nomme le gouvernement et c'est un honneur d'avoir été nommée dans tous ses gouvernements depuis 2017. Je vais où le président me dit d'aller, point, fin de la discussion. »

Si elle est intronisée ministre déléguée chargée de la Citoyenneté, ses plus proches vous diront que l'ONU reste néanmoins dans un coin de sa tête. « Elle est passionnée par la diplomatie, par les sphères internationales, a dirigé une ministérielle pour le G7 sous la présidence française, a présidé un conseil de sécurité des Nations unies, a initié de nombreux événements de mobilisation… elle y serait parfaite », argue un ancien conseiller.

Une nouvelle présidente vient d'être nommée, excellente haute fonctionnaire, membre d'un pays de l'hémisphère sud comme le veut la tradition, plus âgée, Marlène reste en contact avec son adjointe, l'ancienne ministre suédoise Åsa Regnér, qui est son amie. Rien n'est perdu. Elle a le temps.

« Franchement, c'est un mal pour un bien, résume un ex-conseiller. Surtout pour elle qui veut que tout avance vite. L'ONU est une machine ancienne et très lourde, assez bureaucratique en réalité. Marlène est beaucoup plus épanouie comme femme politique ou serait mieux à la tête d'une ONG en France ! »

En attendant, elle a créé un réseau international des forces de l'ordre engagées pour protéger les femmes face aux violences conjugales, en partenariat avec l'ONU. Parions que son chemin l'amènera un jour ou l'autre de nouveau dans le grand bâtiment orné des drapeaux du monde.

28

Marie, l'amie érotique…

« C'est sans doute l'une des fois où j'ai été le plus choqué par une attaque contre elle », se souvient Alexandre Dimeck-Ghione. À l'époque, l'historien et écrivain Benoît Rayski publie sur le site Atlantico un texte consacré à l'ancienne blogueuse, qu'il choisit de surtitrer « La reine des salopes » ! Le billet d'humeur, écrit en réaction à une brève de l'hebdomadaire *L'Express* qui pense savoir que la secrétaire d'État à l'Égalité entre les femmes et les hommes est l'auteure de plusieurs livres érotiques signés par une certaine Marie Minelli, suscite des réactions. Une lettre d'excuses est publiée par la suite, mais le mal est fait : nous sommes en juillet 2017, le gouvernement est fraîchement formé et la révélation n'est pas spécialement la bienvenue.

Selon *L'Express*, Marlène Schiappa se cacherait derrière ce pseudonyme et aurait publié plus d'une dizaine d'ouvrages depuis 2012, dont *Osez réussir votre divorce*, *150 endroits où avoir fait l'amour au moins une fois*, *Comment transformer votre mec en Brad Pitt en 30 jours*, ou *Les filles bien n'avalent pas*. Des titres édités chez La Musardine, à la fois librairie et éditeur spécialisé dans l'érotisme. La polémique enfle, certains s'offusquent. Marlène, elle, ne se dérobe pas. Sur le plateau de France Info, elle dénonce le sexisme qui se cache, selon elle, derrière la plupart de ces critiques. La meilleure défense étant l'attaque, la jeune secrétaire d'État riposte plutôt qu'elle ne se justifie. Reconnaissant avoir écrit certains des ouvrages et en avoir coécrit d'autres, elle dit notamment, en octobre 2020, dans les studios d'Europe 1 : « Nous, les femmes, on a aussi le droit d'affirmer notre sexualité. Un homme qui se vante de ses conquêtes, c'est un Don Juan, c'est un cador, c'est formidable. Si une femme arrive en faisant ça, pardonnez-moi, mais elle va être traitée de salope… Et je pense qu'il est important de changer le regard de la société sur le rapport des femmes à la sexualité. On peut être une mère de famille, on peut avoir des responsabilités politiques et néanmoins trouver que le champ de la sexualité féminine doit aussi être exploré… »

Dans le même temps, elle ne perd pas l'occasion de souligner le deux poids, deux mesures qui subsiste entre un homme et une femme, dès lors qu'il s'agit de ce sujet. Sans le nommer, elle fait ainsi référence à Bruno Le Maire, ministre de l'Économie et auteur de romans érotiques dans sa jeunesse, pour la collection Harlequin : « Lui, on ne le vanne jamais, c'est coquin, mais ça va, c'est un homme, il a le droit. »

D'autant que la ministre déléguée chargée de la Citoyenneté estime, aujourd'hui, que cette polémique avait un côté mauvais procès parce qu'elle avait écrit des guides ludiques et éducatifs, dans la continuité de Maman travaille, et non des textes banalement érotiques, et encore moins pornographiques. Même si elle ne souhaite pas spécialement revenir ici sur cette querelle, elle tient à rappeler les raisons qui l'ont encouragée, autrefois, à se lancer dans une telle aventure éditoriale : « J'ai commencé très tôt, lorsque j'étais dans la sphère de la maternité. Je trouvais très agréable de pouvoir aborder d'autres sujets tout en contribuant à légitimer la parole des femmes en matière d'amour et de sexualité. Comme en évoquant l'orgasme féminin, en incitant les jeunes femmes à assouvir leurs propres désirs, et non à subir celui des hommes et à s'y conformer. » Féministe… jusqu'au bout de la plume, donc. Son côté Elizabeth Taylor – qu'elle revendique – réside-t-il aussi dans sa manière de bousculer les codes ? Alors oui, Marlène Schiappa dirige les forces de l'ordre et représente le gouvernement pour faire voter les lois, mais, avouons-le, sa vie ressemble plus à celles de Maria Callas ou de Liz Taylor qu'à celles de Michèle Alliot-Marie ou Jean-Pierre Raffarin !

29

La Corse au cœur (et autour du cou !)

Il est rare que Marlène Schiappa apparaisse en public sans qu'on décèle sur elle l'attachement à son île de cœur… par le biais d'un décolleté, d'un chemisier légèrement ouvert ou simplement d'un col pas trop ras du cou, presque toujours, le pendentif qui en témoigne prend la lumière. Quelques centimètres d'or représentant sa Corse, cadeau qu'elle a reçu des mains de son grand-père à l'âge de onze ans. Un bijou d'une valeur sentimentale inestimable que le vieil homme lui a offert peu de temps avant de rendre son dernier souffle.

« Papi », comme elle l'appelait avec sa sœur Carla, celui qui les attendait en scrutant l'horizon chaque 1er août quand elles débarquaient du ferry dans le port d'Ajaccio pour passer un mois sur leur terre d'origine, a été essentiel à sa construction. Après les avoir accueillies avec un sachet empli de pains au chocolat, il prenait avec ses petites-filles la direction de Sotta, une commune d'un millier d'habitants située dans les montagnes. C'est là, dans le fief des Schiappa, que, pendant un mois, les sœurs s'imprégnaient de cette partie de leur identité. « Il nous a fait découvrir la Corse, la vraie : celles des vers qui s'échappent du fromage et que l'on décapite à l'Opinel, celle de la terre sèche et rocailleuse, celle de la chaleur étouffante qui ne se dissipe qu'au coucher du soleil, celle des apéros à l'ombre de l'olivier, celle des bergeries, celle des hameaux perdus dans le maquis... » écrivait en 2016 Carla, sur son blog personnel.

L'homme était une figure locale. Champion de boxe et d'athlétisme dans sa jeunesse passée à Rabat, au Maroc, il était par la suite devenu un membre important du parti socialiste de l'île, mais aussi du syndicalisme, pour avoir créé Force ouvrière de la Corse. Lucien Schiappa a d'ailleurs son nom inscrit au Maitron, le dictionnaire du mouvement ouvrier, ce dont sa petite-fille est très fière. Cultivé, féru de poésie, d'art et d'histoire, il emmenait autant qu'il le pouvait ses deux petites-filles chéries à la plage, à bord de sa Fiat blanche. Vrai personnage, il leur a transmis beaucoup d'amour, mais aussi des valeurs essentielles, dont la fierté de leurs origines, que Marlène évoque toujours avec émotion. « Le simple fait d'être corse correspond à avoir du caractère. On ne se laisse pas faire... Il y a aussi cette valeur fondamentale qu'est la famille. Là-bas, celle-ci est l'unité de base du fonctionnement d'une société qui, elle-même, est fondée sur des clans. La solidarité familiale et intrafamiliale est donc immense. Ce qui explique pourquoi la Corse a été si efficace au niveau de la vaccination contre le Covid : tout le monde s'appelait et s'entraidait. Autre valeur, le très grand respect des anciens. Vous ne verrez par exemple jamais une personne âgée mendier, faire la queue, ou ne pas avoir de place assise dans les transports... » La superstition, très présente en Corse, relève quant à elle d'une façon de vivre à laquelle la ministre adhère. Comme tout ce qui entoure la naissance d'un enfant et la façon de le protéger. « Quand un bébé vient au monde, on lui offre toujours un bout de corail que l'on dépose dans le berceau… c'est très important», raconte-t-elle. Attention, en outre, à ne pas s'attirer le mauvais œil! Ne jamais se vanter de ses enfants, au risque de ne pas y échapper… Quand les gens du village disaient à Marlène que ses filles étaient belles, les grands-parents de celle-ci ne remerciaient pas, mais répondaient : «Que Dieu les garde!» avec un signe de croix ou de «cornes», qui chasse le mauvais œil.

Côté croyances, Marlène Schiappa aime entretenir certaines des légendes familiales qui l'accompagnent depuis l'enfance, comme celle d'une de ses aïeules au mari assassiné par des mafieux venus d'un village voisin, qui sembla accepter son sort, sans jamais chercher à se venger, alors que ses proches l'y encourageaient constamment, lui disant : «Sans vendetta, l'honneur ne peut être sauf.» Mais, inconsolable et stoïque, elle ne bronchait pas. Bien plus tard, après avoir élevé ses enfants seule, alors qu'elle était devenue une vieille femme, elle surprit son monde. Pendant toutes ces années, dans le plus grand secret elle avait économisé pièce par pièce, telle une fourmi, jusqu'à s'offrir le prix d'hommes capables de laver son honneur, qui décimèrent l'intégralité du village d'où étaient originaires les meurtriers. «C'est une histoire à laquelle me ramène souvent mon père quand une personne m'a mise en colère, explique la ministre. Il me dit toujours : “Reste calme, attends ton heure.” D'où ce fameux proverbe corse que j'affectionne particulièrement : “J'ai pardonné à tous ceux qui m'ont offensé mais j'ai gardé la liste”…»

Autre récit encore présent dans l'esprit des habitants de Sotta, celui de la sorcière et guérisseuse Zinevra, elle aussi ancêtre de Marlène, dont la légende dit qu'elle aurait été écartelée puis brûlée vive pour avoir refusé de présenter ses excuses pour ses pratiques. Sans oublier une légende plus récente, et moins funèbre : celle de son arrière-grand-mère qui tenait les bureaux de vote du village et faisait les décomptes. Elle avait la particularité de mettre un point d'honneur à se charger des plateaux-repas des responsables des urnes. Pourquoi ? Selon certains récits, elle en profitait pour leur faire ingérer un maximum d'alcool sans qu'ils s'en aperçoivent, jusqu'à les rendre totalement ivres et à subtiliser l'urne afin de la remplacer par une autre, remplie de bulletins en faveur de son propre candidat !

Même si elle assume être une vraie Parisienne, née dans la capitale et ayant grandi en bordure du périphérique, Marlène Schiappa revendique son identité corse : « Ne serait-ce que physiquement, je suis très typée. Quand je marche dans les rues d'Ajaccio, je suis frappée de voir à quel point les autres femmes me ressemblent. Dans mon village, nous nous ressemblons toutes beaucoup. Grandes, brunes, pulpeuses, avec un grand nez et les yeux noirs... » Il y a aussi la gastronomie, qu'elle affectionne particulièrement, ainsi que la connexion à la nature, très singulière sur son île, et à laquelle elle est attachée. Selon ses amies, elle prétendrait même posséder quelques dons hérités de ses ancêtres éleveurs et des heures passées à jouer dans le maquis avec sa cousine et sa sœur : « Quand j'y suis, je peux me repérer grâce à la position du soleil et à celle de la lune, explique-t-elle fièrement. En observant la végétation je peux aussi deviner par où sont passés les sangliers. J'arrive même à prévoir la météo en analysant le ciel. Ce n'est toutefois pas un don, contrairement à ce qu'elles avancent, mais une habitude des éleveurs partout dans le monde. »

Ses origines ne sont pas étrangères non plus à son goût pour la musique et au plaisir qu'elle prend à se casser la voix lors de soirées entre copines : « Là-bas, tout est prétexte à chanter. Une naissance, une fête, et même un deuil. Il y a une culture musicale très forte », précise-t-elle encore. Totalement bilingue en anglais et possédant de bonnes notions d'allemand, elle touche en outre sa bille en langue corse, l'île recourant à plusieurs dialectes. Si la ministre maîtrise les mots et quelques phrases de la vie quotidienne des montagnes du Sud, c'est souvent quand elle s'énerve que des « *Biatu !* », des « *Basta !* » ou encore des « *Troppiu stoppiu* » (« Trop, c'est trop ! ») lui échappent.

« Je me sens profondément corse et j'aime toutes nos traditions, notre culture, notre gastronomie. C'est sur l'île où pour la première fois une femme, Renée Perini, a siégé dans un conseil municipal. Nous sommes le lieu de la première Constitution écrite, qui a inspiré les États-Unis ! » rapporte-t-elle fièrement, se référant aux travaux de son père, spécialiste de Filippo Buonarroti et fin connaisseur de Pascal Paoli. « Les Corses sont des gens entiers, sincères, généreux. Je suis toujours accueillie avec beaucoup de respect, y compris par les opposants. Parce que je respecte les gens. Ainsi, je préviens les élus du Conseil de Corse avant de venir, par courtoisie. Je ne prétends pas représenter les Corses, ils le savent et respectent cela, je pense », analyse-t-elle encore.

« Ici, Marlène a un accueil de star, témoignait son ami Michel Mozziconacci, président du Conseil de l'ordre des médecins de Corse, lors d'une visite ministérielle. Les gens veulent faire des photos avec elle parce qu'elle est une Corse fière mais une ministre à l'écoute. Elle n'oublie jamais ses origines. Elle a réglé discrètement un grand nombre de problèmes pour les Corses, que ce soit relatif au commissariat, à la vaccination, ou à d'autres sujets. »

C'est en Corse que la future ministre déléguée à ce thème majeur a commencé à s'interroger sur l'égalité hommes-femmes. Car, malgré tout l'amour qu'elle porte à ses racines, elle n'est en rien aveugle et connaît la misogynie ancestrale qui établit tant de différences entre l'éducation des filles et celle des garçons. Elle raconte par exemple comment, dans son enfance, lorsqu'il était question de faire la cuisine et de dresser la table, ses arrière-grands-mères et arrière-grands-tantes la sollicitaient toujours avec ses cousines, alors que, curieusement, ses cousins se voyaient, systématiquement, exempts de cette tâche. « Eux pouvaient continuer de construire une cabane alors que pour nous, il en était hors de question si l'heure du repas arrivait », se souvient-elle. Une injustice que, malgré sa jeunesse et ses couettes, elle combattait, et qui lui vaut quelques articles à charge dans la presse locale ! « Un jour, à la fin d'un repas de travail avec des élus, les hommes se sont levés pour partir tandis que les femmes présentes ont commencé à débarrasser et à passer l'éponge ! Alors je me suis levée et en allée avec les hommes. C'était une question de principe. Je ne me suis pas battue, gamine, pour revivre ça avec des types qui ne sont même pas de ma famille », dit-elle.

Pour justifier la nécessité d'aborder ce sujet sur son île de cœur, elle se souvient aussi de son arrière-grand-mère qui habitait une maison qu'elle avait dû faire construire sur un petit bout de terrain légué par sa famille alors que son propre frère avait hérité, lui, de la grande et belle bâtisse familiale ! « Dans le projet sur le séparatisme, ce n'est pas pour rien si j'ai fait passer une loi consacrée à l'interdiction des discriminations des filles sur l'héritage.

On parlait beaucoup des traditions du Maghreb, mais en Corse, il y a quelques générations, c'était tout aussi compliqué… » souligne-t-elle.

Notons par ailleurs que la ministre a battu le record de visites ministérielles en Corse, détenu avant elle par Charles Pasqua ! Un hommage aux résistants locaux, une inauguration d'entreprise, une valorisation des spécialités comme l'eau gazeuse d'Orezza, le soutien aux artistes… toujours, elle répond présente. À Paris aussi, elle cultive cette filiation, puisqu'on la croise souvent au restaurant l'Alivi, rue du Roi-de-Sicile dans le 4e arrondissement, ou aux concerts du groupe polyphonique Vox Corsica.

Plus sérieusement, Marlène Schiappa se félicite que la Corse, et particulièrement son extrême sud, dans les montagnes d'où elle est originaire, soit si bien représentée sur l'échiquier politique. Et au sein même de La République en marche, puisque Margaux Pech, qui faisait partie de la commission d'investiture, ou le couple Marc et Sophie Ferracci, dont elle est très proche, en sont originaires. Elle-même admet volontiers faire partie d'un réseau corse influent bien implanté dans la capitale, avec lequel elle participe à nombre d'événements. C'est un réseau varié et œcuménique qui rassemble des personnalités de tous horizons, certaines dont elle est fort proche, comme le patron d'Atout France, Christian Mantei, l'ancien député-maire d'Ajaccio, aujourd'hui pédiatre à Paris, Simon Renucci, ou l'avocate Corine de Bernardi, épouse du directeur de la communication du Medef.

Après plusieurs décennies passées autour de son cou, un jour, hélas, le pendentif offert par son grand-père s'est brisé. Au lieu d'y voir un mauvais signe ou de s'en désoler, Marlène Schiappa l'a remplacé par un modèle identique, qu'elle s'est empressée d'acheter. La chaîne en or sur laquelle le nouveau médaillon est accroché est un cadeau de Cédric, qui date du jour de ses vingt ans. Autant d'amours, au pluriel, qu'elle porte au-dessus de son cœur, comme pour ne jamais oublier que la famille reste le sens de sa vie.

30

En marche… vers son avenir !

Quand Marlène Schiappa ne parvient pas à trouver le sommeil, elle ne gaspille pas son temps à se tourner (et se retourner) maintes fois dans son lit ou à compter les moutons. Non, lorsque la ville dort, celle qui a seulement besoin de quatre ou cinq heures pour recharger ses batteries optimise son temps précieux. La femme qui a écrit plusieurs dizaines de livres en mode noctambule en profite pour se pencher sur des sujets qui lui tiennent à cœur. « L'autre nuit, je me suis intéressée aux produits de beauté les plus toxiques, raconte-t-elle. J'ai découvert que les produits de marques prestigieuses ou se prétendant green étaient bourrés d'allergènes. Étaient même parfois les pires de tous. » Ce qui pourrait, de prime abord, faire sourire est en réalité un sujet qui la révolte et qu'elle compte prendre à bras-le-corps. À ses yeux, il s'agit même d'un problème de santé environnementale qui dépasse le simple cadre politique. « Je pense que cela devrait interpeller tout le monde, poursuit-elle, et je ne comprends pas que l'on n'ait pas encore fait un lobbying citoyen afin d'interpeller les marques et de les obliger à nous expliquer clairement ce que contiennent les produits que l'on met sur nos corps. » Et d'ajouter : « C'est le thème de mon dernier roman. »

La thématique est le point de départ d'une discussion bien plus large, qu'elle aimerait mener. Et elle ne tourne pas autour du pot : le ministère de l'Écologie ne la laisse pas indifférente. Elle pense pouvoir y apporter sa fougue, son culot et surtout sa capacité à faire bouger les lignes. « Vous croyez que j'avais une feuille de route quand j'étais à l'Égalité femmes-hommes ? Non, la solution doit venir de la façon dont les ministres s'emparent d'un sujet et décident d'en faire quelque chose. » Elle souhaite en tout cas en découdre avec ce qu'elle qualifie d'écologie du quotidien. Et du côté de l'Élysée ? Si Emmanuel Macron venait à enchaîner un second mandat, tous les feux seraient au vert, confient des proches du président.

Le quinquennat qui touche à sa fin a, certes, permis de découvrir le personnage « clivant » qu'est Marlène Schiappa, mais aussi – et surtout – la combattante. Selon un proche de la première dame, imaginer l'ancienne blogueuse prendre un ministère aussi important que celui de l'Écologie, ou un ministère social, comme le Travail ou les Solidarités, ne relève en rien du fantasme. « Ce qui ressort des discussions, c'est que son nom revient tout le temps, analyse un politique. On cherche quelqu'un pour la mairie de Paris ? Marlène est évoquée. Qui pourrait prendre la tête des élections régionales ? C'est encore elle dont on parle. Et la raison est simple : elle ne refuse pas les combats. On a vu beaucoup de ministres être dans le calcul et repousser des missions à cause de la peur de perdre. Pas elle. Elle est tout le temps sur le ring… »

À l'Élysée toujours, selon un proche d'Emmanuel Macron, en raison de son bilan comme de sa loyauté et de la constance de son engagement, il est établi que, si un second mandat devait suivre, elle ferait clairement partie de l'aventure. « Sa relation avec le président est très forte. Elle appartient aux fidèles de la première heure, du début de campagne à aujourd'hui. Cela a créé des liens solides entre eux. N'est-elle pas l'une des rares que le chef de l'État tutoie ? En plus, leurs personnalités se ressemblent, dans la mesure où, quand tous deux ont des choses à dire, ils se les disent en face. »

Si, en macronie, tout va bien, dans l'arène politique en revanche, la ministre déléguée sait qu'elle n'a pas de soutiens et qu'elle devra slalomer entre les sarcasmes des uns et la jalousie des autres pour exister. Les observateurs comme les acteurs du monde politique, qu'ils soient élus ou journalistes, sont, de fait, loin d'accorder leurs violons sur son potentiel. Certains sont en admiration devant elle. D'autres reconnaissent avoir du mal à l'imaginer jouer les premiers rôles sur la durée. « Je peux me tromper mais je pense qu'elle aura du mal. C'est un monde de solistes et un métier qui obéit à certaines règles. En ce moment, elle est à sa place. Je pense qu'elle peut être l'agitatrice d'un gouvernement, certes, mais pas forcément dans un autre rôle », analyse Pascal Praud.

Elle exerce pourtant des fonctions régaliennes depuis près de deux ans. En coulisse, son statut de chouchoute du gouvernement lui vaut d'être citée comme future locataire d'un « gros » ministère. Aux yeux de certains, son appétit pour l'écriture (et la lecture !), son goût prononcé pour l'art, ses connaissances musicales et sa maîtrise des différents arcanes médiatiques en feraient une excellente ministre de la Culture. Cette réflexion lui a d'ailleurs été glissée, en octobre 2021, par Laurent Ruquier, épaté par ses critiques de théâtre alors qu'elle venait faire la promotion de son dernier livre dans *On est en direct* sur France 2. Une hypothèse plausible, qui circule depuis un moment dans les couloirs de Matignon et de l'Élysée ? « Elle sait que plus elle aura une "manette" importante, plus elle changera la vie des gens », souffle un proche du chef de l'État. « Si vous regardez les sondages et les différentes enquêtes d'opinion depuis son entrée au gouvernement, notez qu'elle a toujours été l'une des ministres les plus populaires », ajoute Thomas Brisson. « Marlène, c'est certes une popularité, mais c'est surtout une force de travail et un sens politique rare », renchérit un proche d'Édouard Philippe qui a chanté ses louanges dans son livre[1], privilège qu'elle ne partage qu'avec Gérald Darmanin, Sébastien Lecornu et Marc Fesneau. « Marlène incarne, et la politique c'est de l'incarnation », écrit en effet le maire du Havre.

Qu'ils soient ses alliés ou ses opposants, beaucoup convergent vers un constat qui peut être une piste de compréhension de la suite de sa carrière : Marlène serait peut-être légèrement trop à gauche. « Trop sociale, trop féministe, trop normale, souffle un élu qui rappelle qu'elle n'a pas hésité à interpeller Jean-Paul Delevoye, alors haut-commissaire aux retraites. Comme beaucoup, elle ne comprenait pas grand-chose à son projet de retraite, poursuit-il. Sauf qu'elle est la seule à lui être rentrée dedans en disant : "On ne comprend rien à ton truc, en quoi ça améliore la retraite de ma grand-mère ?" »

Selon Thomas Brisson, une anecdote résume la confiance que le président lui porte. Nous sommes en 2019, à l'Assemblée générale des Nations unies où Emmanuel Macron emmène une poignée de ministres, dont Marlène Schiappa. Une heure avant sa prise de parole, il la

1. *Impressions et lignes claires*, JC Lattès, 2021.

convoque pour qu'elle réécrive avec lui une partie du discours initialement prévu sur l'égalité femmes-hommes. « Une fois devant la tribune des Nations unies, le président explique qu'il veut en faire une grande cause mondiale, et en profite pour dénoncer les féminicides. Le chef de l'État a une confiance absolue en Marlène. La preuve au dernier remaniement. Il l'a promue au sein d'un ministère régalien, où elle a la main sur la lutte contre les violences et la formation des forces de l'ordre. » Surfant sur ce souvenir, celui qui a travaillé à ses côtés pendant trois ans lorsqu'elle était secrétaire d'État ne lui voit donc pas forcément un destin national, mais peut-être plus international, insistant sur le fait qu'elle appartient aujourd'hui à ces quelques féministes clairement identifiées à l'échelle mondiale. « Elle force le respect et l'admiration, autant pour sa parole que pour les actes déjà accomplis », précise-t-il.

Il est vrai que Marlène fait désormais partie des rares ministres français sur lesquels on peut trouver des articles de presse aux États-Unis, en Amérique latine, en Afrique, et ailleurs. Une popularité et une dimension qui tiennent à son discours très offensif du 8 mars 2018, à l'ONU, sur le droit à l'avortement. Alors que le monde avait les yeux rivés sur elle, elle a pris très fortement à partie plusieurs pays réfractaires, dont les États-Unis, pourtant alliés historiques de l'Hexagone. « À cet instant, elle est devenue un peu la porte-parole de la France. Ça a marqué un tournant pour beaucoup d'associations et de femmes à travers le monde », analyse Thomas Brisson.

Quand il s'agit d'évoquer son propre avenir politique, l'intéressée ne botte pas en touche. Se dérober n'est décidément pas le genre de la maison. Mais elle assure rester pragmatique, dans l'instant, sans chercher à se projeter sans cesse. Reste qu'elle ne ferme aucune porte et que, contrairement à d'autres, elle n'est ni fébrile ni inquiète. Elle assure que ses fonctions gouvernementales resteront peut-être une parenthèse dans son parcours parce qu'elle peut « aussi faire autre chose ». « J'ai vécu trente et un ans avant de faire de la politique et il y a plein d'autres trucs dans la vie, dit-elle. Je ne manque pas d'idées… »

Cette option est validée par Carla, qui n'écarte absolument pas la possibilité que sa grande sœur change radicalement de voie. Et plus vite qu'on ne l'imagine… « Tant que ça lui plaît, elle continuera. Mais le jour où elle commencera à se lasser, elle arrêtera. Marlène est quelqu'un qui a toujours mille projets en tête », souligne-t-elle. Et Benjamin Griveaux partage cette analyse : « Si un second quinquennat devait s'enchaîner, je la vois bien s'engager avec des compétences élargies. Elle sait diriger une administration. Elle l'a prouvé. Mais il faut qu'elle en ait envie. Car une Marlène qui s'ennuie, ce n'est pas bon. »

En privé, Marlène Schiappa admet volontiers regretter parfois la douceur de sa vie d'avant la politique, celle d'une businesswoman sans cesse en train de créer. « Je suis vraiment une entrepreneuse dans l'âme, confie-t-elle. Au point que depuis que je suis entrée au gouvernement, dès que j'ai un moment, là où certains en profitent pour se détendre, je fais des business plans virtuels ! Ça exaspère mon mari, mais c'est plus fort que moi. Lorsque je cerne un manque dans un domaine et sens qu'il y a une place à prendre, je m'y colle. »

Dans son cerveau sans cesse en effervescence, les idées jaillissent aussi vite qu'elles retombent. Lors d'un de ses derniers entretiens avec moi, celle qui se prétend reine du tiramisu réfléchissait même à l'idée… de monter un restaurant ! « Un jour, qui sait… Peut-être achèterais-je d'abord des parts. En tout cas, les chefs que j'ai rencontrés récemment m'ont inspirée et je sens que les gens ont une vraie appétence pour la cuisine. » Il est vrai qu'elle a été conviée en Corse chez le roi des macarons, Pierre Hermé, qu'elle fréquente la famille du chef Rostang, soutient le gagnant de *Top Chef*, Mohamed Cheikh, en le conviant à l'Élysée, et reçoit souvent des chefs à Beauvau. Avis aux restaurateurs qui cherchent une associée !

À la nuit tombée, seule devant son écran d'ordinateur, Marlène aime écrire, certes… mais aussi monter des sites internet, pour étudier la faisabilité d'un projet, voire un peu plus… La ministre reconnaît au passage, telle une enfant hyperactive, avoir un mal fou à ne rien faire. Chez elle, le besoin d'être sans cesse en mouvement est irrépressible. « Je suis incapable de rester assise, juste à écouter, longtemps. Je dois bouger. C'est un vrai problème car cela peut être mal pris… » Comme lorsqu'en pleine réunion interministérielle, un jour, son voisin, choqué, constate qu'elle dessine ! Et pas les petits gribouillis comme nous les faisons de manière un peu compulsive, mais de véritables créations, bourrées de détails. Une salle de cinéma où l'on voit des gens de dos, concentrés sur l'écran… ou encore Simone Veil, avec son chignon, en plein discours.

Entamer une carrière de styliste ne serait pas non plus pour lui déplaire. Toujours en réunion interministérielle (notamment), elle élabore et peaufine à grands traits ses collections dans un joli petit carnet que lui a offert son mari. Elle a, entre autres, l'idée de développer un « kit soirée », à savoir des tenues entièrement modulables destinées à celles et ceux qui n'ont pas les moyens d'investir dans une garde-robe fournie. « Un peu low cost, mais stylé et branché ! » précise-t-elle.

En compagnie de son ami Alexandre Dimeck-Ghione, elle a aussi écrit une pièce de théâtre qu'elle rêve de monter avec le patron du théâtre Antoine, Jean-Marc Dumontet, fidèle macroniste.

Cet esprit qui se disperse n'en est pas moins capable de se recentrer en une milliseconde quand il le faut. « Mais il est vrai que si je devais lui trouver un défaut, ce serait sa façon de partir parfois dans tous les sens, de s'enflammer, alors qu'elle gagnerait à l'être moins. Cela dit, quand on voit tout ce qu'elle accomplit déjà, une question surgit : jusqu'où irait-elle si elle était plus focalisée sur un seul sujet à la fois ? » résume sa sœur Carla, qui la verrait bien ministre de l'Éducation nationale, ou à la tête d'une organisation comme le Women's Forum, propriété de Publicis, grande agence de communication !

Lorsqu'elle regarde son trajet politique, songe à la manière dont elle l'a embrassé et doit l'évoquer, Marlène Schiappa souligne systématiquement l'importance des rencontres qui ont bouleversé sa vie.

Si on les rembobine, on constate effectivement que, sans un alignement des planètes assez exceptionnel, elle ne serait probablement pas là où elle se trouve aujourd'hui. « Rien que l'installation au Mans est étrange : j'y pars pour me recentrer sur ma famille, passer plus de temps avec elle, et non pour démarrer une carrière politique ! » s'amuse-t-elle. De fait, si la fameuse Patricia Di Martino n'avait pas eu un tel flair, si Jean-Claude Boulard, le maire, n'avait pas été homme à miser sur des personnalités hors cadre, si La République en marche ne s'était pas mise en branle dans ce timing précis… rien ne serait arrivé. Beaucoup de « si » pour quatre petites années !

La ministre peut donc continuer à se fier à sa bonne étoile tout en s'efforçant de donner le meilleur d'elle-même. « C'est vrai qu'en général, j'ai de la chance. Même s'il y a énormément de travail derrière, je pense avoir rencontré les bonnes personnes au bon moment. Quant à l'avenir, échafauder des plans porte malheur, alors je ne le fais pas… »

Mais la superstition n'est pas incompatible avec le souhait d'être populaire ! Or la cote de Marlène Schiappa ne cesse de grimper. Depuis le meeting du palais des sports où elle a crevé l'écran, l'ancienne blogueuse est devenue la figure d'un parti dont elle prendra peut-être la tête à un moment ou à un autre. « Plein de petits signes donnent une idée de sa popularité, souffle un proche du chef de l'État. Si vous regardez les campus En marche et les différentes opérations de militants, elle est l'un des visages et des noms les plus chaleureusement applaudis. » En février 2019, comme Emmanuel Macron trois ans plus tôt alors qu'il était ministre, Marlène s'est même vu attribuer le titre de « révélation politique de l'année » par le *Trombinoscope*, revue d'information professionnelle du monde politique. Dans le même temps, elle a fait partie des Français sélectionnés dans la promotion 2018 des jeunes leaders mondiaux désignés chaque année par le Forum économique mondial de Davos. À Beauvau, 290 000 personnes sont sous ses ordres et ceux de Gérald Darmanin ! Alors posons la question franchement : quand s'arrêtera cette ascension ? « Pourquoi les gens décrivent-ils toujours Marlène comme une ambitieuse, alors que son but principal est de passer du temps avec sa famille ? » s'interroge sa mère lors d'une conversation avec sa sœur Carla.

Plus concrètement, Marlène Schiappa a-t-elle l'envergure pour, un jour, briguer le poste de présidente de la

République française ? « C'est totalement hors de question », réplique-t-elle si on ose la question. Des proches, des élus, des conseillers politiques, des journalistes, interrogés, ne jugent pas l'hypothèse impossible… Bien sûr, d'autres se sont pincé le nez, ont manqué s'étouffer, voire sont restés sans voix ou se sont laissés aller à ricaner, mais du côté de Matignon comme de l'Élysée, même si la question n'est absolument pas à l'ordre du jour, sachez qu'elle n'a fait rire personne…

Remerciements

Pour avoir accepté de me rencontrer ou d'échanger par téléphone afin de rédiger cette enquête, merci à :

Marlène Schiappa.

Cédric Bruguière, Carla Schiappa, Goretty Ferreira, Assia Benziane, Géraldine Durand, Yenad Mlaraha.

Alexandre Dimeck-Ghione, Caroline Duchêne, Thomas Brisson, Jean-Marc Berton, Julia Minkowski, Mathieu Pontécaille.

Benjamin Griveaux, Tristan Bromet, Pierre-Olivier Costa, Charles Hufnagel, Clément Leonarduzzi, Patricia Di Martino, Jérémie Peltier.

Pascal Praud, Philippe Vandel, Michaël Darmon, Fatima Benomar, Jennifer Bierna, Magali Berdah.

Alexandre Duffaut, et Noota, sa plateforme de transcription en ligne.

Et aussi à tous ceux qui n'ont pas souhaité être cités mais qui ont plus que contribué à la réalisation de cet ouvrage…

Table des matières

Ce livre existe grâce au travail de toute une équipe.

Communication : Caroline Babulle, Sandrine Perrier-Replein, Typhaine Maison, Adélaïde Yvert.

Coordination éditoriale et administrative : Céline Poiteaux, Martine Rivierre.

Studio : Pascaline Bressan, Barbara Cassouto-Lhenry, Joël Renaudat.

Fabrication : Muriel Le Ménez, Céline Ducournau, Bernadette Cristini, Sophia Paroussoglou, Phousa Chantharath, Isabelle Goulhot, Émilie Lapan (Canada).

Correction : Emmanuelle Coppeaux, Valérie Gautheron.

Commercial, relation libraires et marketing : Laetitia Beauvillain, Alexandra Profizi, Élise Iwasinta, Morgane Rissel, Aurélie Scart, Clément Vekeman.

Cessions de droits : Isabelle Votier, Benita Edzard, Lucile Besse, Sonia Guerreiro.

Gestion : Sophie Veisseyre, Chloé Hocquet, Isabelle Déxès, Camille Douin.

Service auteurs : Viviane Ouadenni, Jean-François Rechtman, Catherine Reimbold.

Ressources humaines : Mylène Bourreau.

Juridique : Laëtitia Doré, Anaïs Rebouh, Valérie Robe, Jean-Benoît Vassogne, Julia Crosnier.

Diffusion : Aurélia Spalacci (directrice des ventes), Nadine Eugénie, Céline Pitt, Arnaud Weill, Hervé Adamczyk, Annie Bourgade, Éric Charpentier, Gilles Couillard, Sandrine Ducrocq, Élisabeth Ehlinger, Guillaume Loras, Jean-Philippe Pilloux, Philippe Maulnier, Gilles Torché, Élisabeth Gastaldo, Jean-Pierre Stephany (Belgique), Olivier Béguin (Suisse), Jean Bouchard et Marie-Ève Provost (Canada), Emmanuelle Cadot, Virginie Godet et Caroline Pan.

Avec le soutien des équipes d'Interforum et d'Editis qui participent à la création, la diffusion et la distribution de ce livre.

Canoros Vehit Canentes

La photocomposition de cet ouvrage
a été réalisée par
GRAPHIC HAINAUT
30, rue Pierre-Mathieu
59410 Anzin

Imprimé en France par CPI
en janvier 2022

N° d'édition : 63312/01
N° d'impression : 166952